TRAITÉ

DES PRINCIPES

DE L'ART DE LA COËFFURE

DES FEMMES.

TRAITÉ

DES PRINCIPES

DE L'ART DE LA COËFFURE

DES FEMMES,

Où il est démontré qu'avec un peu de réflexion on peut apprendre avec facilité à coëffer, & soi-même, & toute autre personne.

Par M. LEFEVRE, Maître Coëffeur.

A PARIS,

Chez l'Auteur, rue Montmartre, vis à-vis du cul-de-sac S. Pierre, dans la Porte-cochere du Parfumeur, au rez de-chaussée.

———

M. DCC. LXXVIII.

Avec Approbation & Privilege du Roi.

AVERTISSEMENT.

L'AMOUR-PROPRE eſt le foible des hommes; celui qui aime ſon talent avec ardeur, cherche à l'élever autant qu'il peut, en admirant dans les autres tout ce qui peut en être beau.

Si j'oſe m'aſſocier dans le contenu de cet Ouvrage avec l'Art de la Peinture & celui de la Sculpture, c'eſt qu'ils ſont obligés, comme moi, de ſuivre le coſtume des temps, pour orner les têtes qu'ils ſont obligés de faire, très-ſouvent d'après l'Art du Cœ̈ſſeur, & cela avec bien plus de facilité à réparer en apparence les défauts de la nature.

Ce n'eſt pas que je ne me croie bien inférieur aux talents de ces deux Arts, dont j'admire, comme tout le monde, avec extaſe, les productions qui me font reſpecter ces hommes célebres; mais ſi leur Ouvrage leur donne l'avantage de s'éterniſer à jamais, ils n'en ſont pas

A

moins des hommes, par conséquent freres, & qui plus est, confreres avec tous les états, puisqu'ils copient tout ce qu'ils voient avec la plus exacte vérité.

C'est en cela qu'on doit reconnoître leur supériorité, puisqu'il n'est aucune classe d'Artiste qui puisse se flatter de posséder ce double avantage,

DISCOURS
PRÉLIMINAIRE.

PERSONNE n'ignore que l'Art de la Coëffure eſt l'ornement de la beauté, que même à celles qui ne ſont pas favoriſées de la nature, cet Art y ſupplée à un tel point, que l'on voit très-ſouvent préférer une beauté médiocre à une très-réguliere, ſans qu'on puiſſe trop en deviner la cauſe.

J'oſe dire que c'eſt l'Art de la Coëffure qui opere cette merveille, & la preuve en eſt très-convainquante ; lorſque ces deux beau-tés que je viens de citer ſeront toutes deux ſans Coëffure, je veux dire dans le plus grand négligé, l'on préférera certainement la beauté très-réguliere à la médiocre ; ce qui ne ſeroit pas toujours étant bien coëffé : on m'objectera peut-être, mais l'Art de la Coëffure n'eſt donc pas toujours l'ornement

A ij

de la beauté, puisqu'il fait préférer la médiocre à la très-réguliere ; je répondrai qu'il
n'en seroit pas moins l'ornement, si elle em-
ployoit les recherches, & si elle y joignoit
l'enjouement & la vivacité qu'ont ordinairement les beautés médiocres, par le desir
qu'elles ont de plaire, ce que la beauté très-
réguliere néglige souvent, parce qu'elle sait
que la nature l'ayant bien favorisé, elle n'a
besoin d'aucun Art pour se faire admirer ;
que c'est la nature elle-même qui parle, &
qui dit à tous les Adorateurs : AIMEZ-
MOI ; mais ces beautés très-régulieres sont
bien rares, & l'on en appercevroit à peine
si l'Art de la Coëffure ne les multiplioit.

Cet Art est poussé à un tel point de perfection, que jusques dans le négligé il fait
illusion.

Combien de maris, qui conservent la
même tendresse pour leurs femmes pendant
nombre d'années, ne se doutent pas que c'est
à cette Coëffure soignée qu'ils doivent cette
constance, dont l'un & l'autre jouissent,
qui auroit pu cesser si la femme l'avoit né-

gligé, comme il y en a qui font par différents motifs!

: Combien auſſi de filles avantageuſement
mariées, à qui le mari n'auroit pas penſé,
s'il n'avoit été ſéduit à la premiere vue d'un
minois qui lui parut joli, qu'elle devoit à
ſa Coëffure!

Je ne puis m'étendre davantage ſur la
perfection que l'Art de la Coëffure fait ſur
différentes perſonnes, ſans me brouiller avec
beau ſexe, qui croiroit que je ne lui ac-
corderois de beauté qu'autant qu'il auroit
employé cet Art de la Coëffure. Il eſt très-
prouvé que les plus jolies perſonnes l'ont
employé de tout temps avec plaiſir, & je dirai
cependant avec vérité que très-ſouvent les
phyſionomies font valoir la Coëffure; auſſi
ce beau ſexe ſi judicieux ne peut pas diſconvenir que l'un ne peut être ſans l'autre,
pour être miſe convenablement.

Voilà donc la néceſſité de recourir à
l'Art de la Coëffure; j'oſe dire qu'il embellit, rajeunit, donne très-ſouvent de la
gaieté, & ne contribue pas peu à une parfaite ſanté.   A iij

DISCOURS PRÉLIMINAIRE.

C'est sur ce point de vue que je desire établir le Traité des principes de l'Art de la Coëffure, qu'avec réflexion on pourra apprendre au sein de sa famille: l'on n'aura point d'incommodité de sortir de chez soi, d'où il résulte très-souvent beaucoup de temps perdu, & quelquefois plus quand il faut se transporter dans des Ecoles publiques. Les Dames ne seront pas privées de leurs Femmes-de-Chambres, lorsqu'elles auront la bonté de leur permettre d'apprendre à coëffer, parce qu'elles pourront ordonner de le faire dans leurs chambres, en réfléchissant avec attention sur les principes que j'ai l'honneur de leur présenter : de même les peres & meres ou les parents, n'auront pas d'inquiétudes de ce que deviennent leurs enfants pendant un long espace de temps qu'elles sont à apprendre à coëffer, & qu'elles prolongent très-souvent pour avoir le plaisir de s'amuser ; les peres & meres le pourront faire faire sous leurs yeux avec l'aide de mes principes, & par-là on évitera bien des accidents que les Maîtres de ces Ecoles publiques , malgré leur vigilance & leurs soins, ne peuvent éviter, parce qu'ils ne sont pas responsables de ce qu'on appelle école buissonniere, que ces jeunesses colorent de mille faux prétextes.

J'ose espérer que les familles de tous les ordres auront la bonté de m'honorer de leurs suffrages, en acceptant avec quelque reconnoissance un travail entrepris pour épargner à la plus précieuse partie des sujets qui les composent, de la fatigue, des périls & des frais d'une part ; & de l'autre, de la dépendance.

A iv

DISCOURS, OU AVIS

AUX ÉLEVES ET AMATEURS

DE L'ART DE LA COEFFURE.

D'ABORD la Coëffure eſt un Art; il ne faut pas beaucoup de réflexions pour s'en convaincre : modifier par des formes agréables, de longs filaments dont la nature ſemble avoir voulu faire un voile plutôt qu'une parure ; aſſurer à ces formes une conſiſtance dont la matiere que l'on y aſſujettit ne paroît pas ſuſceptible ; donner à l'abondance une diſpoſition réguliere qui faſſe diſparoître la confuſion, & ſuppléer à la diſette par une richeſſe qui trompe l'œil le plus clair-voyant ; combiner les acceſſoires avec le fonds qu'ils doivent adoucir ou relever ; ſoutenir une figure délicate par des treſſes légeres, en accompagner une

majeſtueuſe par des touffes ondoyantes ;
ſauver la rudeſſe des traits ou des yeux
par un contraſte, & quelquefois par un
accord réfléchi ; opérer tous ces prodiges, ſans autre reſſource qu'un peigne
& quelque poudre diverſement colorée :
c'eſt là ſans doute ce qui caractériſe eſſen-
tiellement un Art, & ce n'eſt qu'une
partie de ce que fait tous les jours le
Coëffeur.

De tous les Arts, celui de la Coëffure devroit être un des plus eſtimés ;
ceux de la Peinture & de la Sculpture,
ces Arts qui font vivre les hommes des
ſiecles après leur mort, ne peuvent
lui diſputer le titre de Confrere ; ils ne
peuvent diſconvenir du beſoin qu'ils en
ont pour finir leurs Ouvrages : ſouvent
il leur faut des modeles pour diriger leur
imagination & leurs mains, ſoit qu'ils
l'emploient d'eux-mêmes, ou qu'ils le
copient d'après l'Art du Coëffeur : il eſt
un fait qu'ils ne peuvent ſe paſſer de cet
'Art, ainſi ils vont donc de pair enſemble.

A v

Quant à la date de leur ancienneté, je crois qu'ils ne peuvent rien se disputer; & l'Art de la Coëffure a l'avantage sur les deux autres, en ce qu'il travaille à orner la nature sur la nature même; c'est la beauté vivante qu'il embellit; c'est un sexe à qui tout cede, qui implore ses secours. La nature a-t-elle prodigué ses dons? il en augmente l'éclat; a-t-on à se louer de ces faveurs? il y supplée; au lieu que les deux autres ne la font que copier. Le pinceau ne se promene que sur la toile; le ciseau du Sculpteur s'use sur le marbre même qu'il dompte: Copistes toujours froids des charmes dont ils ne présentent jamais que l'image, leurs travaux portent nécessairement l'empreinte de la dépendance à laquelle eux-mêmes sont assujettis; & l'ombre morte qu'ils vendent si cher au luxe, n'est qu'une esquisse imparfaite de l'original qu'elle lui apprend à regretter.

L'Art de la Coëffure est sans contredit le plus brillant de tous, puisqu'il met tous les jours l'Artiste à portée d'approcher tout ce qu'il y a de plus grand, de plus beau & de plus précieux au monde. En outre il faut qu'à l'aspect d'une physionomie il devine tout d'un coup le genre d'accessoire qui lui conviendra ; il faut qu'en se soumettant à la mode générale, il la maîtrise cependant par des modifications particulieres; il faut qu'une femme en paroissant coëffée comme toutes les autres, le soit cependant encore plus à l'air de son visage, par conséquent il n'y a pas de toilette où l'Artiste, qui opere dans ce temple flatteur, ne renouvelle, à chaque instant du jour, le plus difficile des prodiges de la nature, celui d'être toujours uniforme, & cependant toujours varié dans ses productions.

Celui qui se destine dans cette classe, doit donc travailler à se rendre digne de jouir d'un si bel Art, & faire en sorte de se mettre au nombre de ces hommes illustres qui ont excélé dans leur Art au suprême degré ; il est vrai que les mains

induſtrieuſes à qui la toile & le marbre
doivent leur métamorphoſe, ont quelque
ſupériorité ſur le Coëffeur ; leurs Ouvrages ont une ſolidité qui les immor-
taliſe ; la génération ſuivante s'enrichit
des travaux de celle qui les a précédés :
à la vérité le Coëffeur n'a pas ce bonheur ;
les fruits de ſon Art durent encore moins
que ceux du printemps : pareils aux bou-
quets dont ils ont l'éclat, ils s'évanouiſ-
ſent avec la journée qui les a vus naître,
& trouvent leurs tombeaux dans le ſom-
meil où les charmes qu'ils ont fait briller
vont puiſer une fraîcheur nouvelle. C'eſt
un déſavantage ſans doute, mais c'eſt ce
qui doit rendre le Coëffeur plus précieux :
s'il ne peut prétendre à l'immortalité, il
faut donc attacher à cet Art une con-
ſidération qui l'en dédommage ; c'eſt à
la génération qui jouit de ces travaux
à l'indemniſer des efforts journaliers qu'il
réitere ſans ceſſe pour la ſervir, & le
Coëffeur doit y répondre par une con-
duite irréprochable, & un talent ſupé-

rieur pour y parvenir. C'eſt donc de
ſon vivant qu'il doit ambitionner la
gloire, & faire en ſorte que, par ſes vertus & ſes talens, il ſoit ce que les autres
ne ſont très-ſouvent qu'après leur mort.
Y a-t-il aucune claſſe d'Artiſtes où les vertus ſoient plus néceſſaires ? La diſcrétion,
la retenue, la patience, l'exactitude,
& la décence la plus ſcrupuleuſe, ne ſont-
elles pas des vertus ? Et de tous les
Artiſtes, y en a-t-il un ſeul à qui elles
doivent être plus familieres qu'au Coëffeur?

Ainſi admis au myſtere des toilettes,
on doit, comme Job, faire un pacte
avec ſa langue & ſes yeux : plus la confiance eſt ſans réſerve, plus celui qui en
eſt honoré doit être circonſpect avec le
plus profond reſpect.

La patience ne diſtingue pas moins ;
ce n'eſt pas un métal immobile qu'on
façonne, ce ſont des êtres ſenſibles &
clair-voyants qu'on a à ſatisfaire, des êtres
délicats accoutumés à l'empire, qui peu-

vent regarder chaque tour donné à leurs cheveux, comme faifant partie de leur couronne ; il faut donc fuivre de l'œil ces yeux intéreffés & pénétrants; il faut y deviner l'effet d'une boucle ou d'une treffe; il faut faifir en un moment toute l'immenfité des combinaifons rapides que chaque coup de peigne fait naître, & fe fuccéder & répondre, fans intervalle, avec cet inftrument, à toutes les objections même muettes que produit fon ufage. On conviendra fans peine que cet exercice fuppofe une humeur calme, un defir conftant de bien faire, une attention foutenue à en étudier tous les moyens, & par conféquent, comme je l'ai dit, une véritable patience.

Quant à l'exactitude, il ne faut que penfer un moment au défordre qui réfulteroit pour toute la fociété, dans des occafions effentielles, comme des bals, des affemblées, des fpectacles : fi par malheur un Coëffeur alloit manquer de mémoire, ou s'abandonner à la négligence, combien de loges vuides, combien de familles défolées, combien d'engagements rompus, & dès-lors quelle confufion, quel embarras en public & en particulier ! Tort réel pour le Coëffeur ; & quelle meilleure preuve de la néceffité de favoir fe coëffer foi-même ?

Le projet de cet Ouvrage, qui a fait naître dans mon cœur ces réflexions fur la nobleffe de ma profeffion, n'a d'autre but que d'en relever le mérite & d'être utile, de la venger du dédain apparent que lui prodigue la moitié du genre humain, à qui peut-être elle devroit être plus précieufe ; ce n'eft pas le fexe que nous parons, qui nous doit le plus de reconnoiffance.

Comme il eft beaucoup de jeunes gens qui entreprennent l'Art de la Coëffure qui n'en ont aucune idée, & ont beaucoup de peine à parvenir ; s'ils veulent réfléchir avec attention fur tout ce qui eft contenu dans cet Ouvrage, il n'y a perfonne qui, en joignant à un peu d'attention la plus légere pratique , même pour celles qui defirent fe coëffer elles-mêmes, ne foit promptement en état de coëffer ou foi-même, ou une tête étrangere , avec facilité. Le goût , l'expérience, la réflexion perfectionneront ce que je ne puis qu'ébaucher.

AVIS

AUX PERES ET MERES

SUR CES PRINCIPES.

JUSQU'A préſent l'Art de la Coëffure a été une eſpece de myſtere auquel les initiés ſeuls participent, & il faut acheter cette initiation par beaucoup de temps, de travail & d'argent : d'une part, les jeunes perſonnes qui s'y deſtinent étant obligées de ſe déplacer pour aller chercher les leçons, jettent leurs parents dans l'inquiétude, & s'expoſent quelquefois à des dangers qu'il ſeroit intéreſſant pour le bien des mœurs de leur épargner ; d'autre part, il ſeroit cependant fort utile, & certainement fort agréable, que de jeunes Demoiſelles puſſent apprendre au moins la théorie d'un Art qui ne doit avoir rien d'ennuyeux pour elles.

S'étudier devant un miroir à donner soi-
même un tour heureux à une belle cheve-
lure, est une espece de travail auquel le
sexe, à quelqu'âge que ce soit, ne répugnera
pas. Cet exercice, un peu réitéré dans un
âge aussi tendre, peut procurer par la suite
dans la société, beaucoup de bien, tant en
général qu'en particulier.

C'est ce qui m'a déterminé à révéler en
quelque sorte ici les premiers éléments de
cette manipulation très-simple, qu'on peut
employer dès l'enfance, & en former en
quelque façon une petite partie de l'éducation des jeunesses, tant pour leur inspirer
de la propreté, que du goût à savoir se mettre. L'on ne peut disconvenir combien il seroit
très-agréable qu'une Demoiselle sût se coëffer
elle-même ; elle ne seroit point dépendante
d'un Coëffeur, d'une Coëffeuse ou d'une
Femme-de-Chambre, qui très-souvent est nécessaire à mille autres occupations ; ce qui
fait que cette même Demoiselle n'est point
présentable en Société, & pour lors quel

'défagrément entre la mere & la fille ! au moins avec l'aide de mes principes, ces jeuneſſes pourront ſe ſervir de leurs bras; & pour celles qui, par la ſuite, ſeroient dans le cas d'avoir des perſonnes qui leur ſeroient ſubordonnées : elles auront bien plus de facilité à commander, étant inſtruites de la maniere dont il faut s'y prendre ; pourront décider avec plus de préciſion le genre d'accommodage qui conviendra le mieux, en ſuivant toujours la mode.

Cela ſe peut faire en jouant ; le temps propre pour leur donner cette récréation, eſt depuis l'âge de trois ou quatre ans, ſuivant les diſpoſitions plus ou moins précoces, juſqu'à l'âge de ſept à huit ans, que je trouve qu'il eſt fort inutile de fatiguer & mettre à la torture la tête des petits enfants qui n'ont beſoin d'aucun Art, puiſque leur âge ſuffit pour les orner; que d'ailleurs ce temps eſt ſi précieux pour toute ſorte d'éducation qu'on eſt dans le cas de leur donner, qu'on ne ſauroit trop le mettre à profit : ainſi cette petite partie d'éducation que j'ai l'honneur

de propoſer par mes principes, ne peut nuire
à aucun, puiſque c'eſt en jouant, & dans
les heures de récréations, qu'on peut s'en
occuper.

L'on donne ordinairement pour amuſer
les enfants, des poupées très-riches en ha-
bits : l'on apprend même ces enfants à les
habiller & déshabiller, & à travailler à leurs
petits trouſſeaux ; pourquoi ne feroit-on pas
la même choſe pour l'ornement de la tête,
pour le bien & la conſervation des cheveux ?
Choſe auſſi précieuſe qu'utile dans tous les
temps : il eſt donc de toute néceſſité de s'en
occuper ; & s'y prenant dès l'enfance, cela
ſe fera ſans s'en appercevoir ; ainſi il faut
donc que la tête de ces petites momies ſoit
ornée de cheveux propres à faire un accommodage, & non pas, comme ils font
ordinairement, avec du coton ou de vieux
cheveux qui ne tiennent à rien.

L'uſage en étant pris, les Marchands
de poupées ne manqueront pas d'en faire
faire par les Maîtres Perruquiers ; & dans
cette acquiſition, on doit être plus recher-

ché sur ce qu'une tête soit bien ornée, que
le corps soit bien habillé, parce que l'un est
plus aisé à réparer que l'autre ; il faut non
seulement que les cheveux soient bien cousus
sur quelque maniere de coëffe, mais il faut
encore qu'ils soient bien cloués & bien col-
lés, afin qu'étant bien adaptés après la
tête, on puisse en faire ce que l'on voudra.

Alors on prendra l'article de l'accommodage, & non pas celui des papillottes ;
il n'est pas nécessaire de faire faire à ces
enfants des choses qui ne peuvent que les
ennuyer, & d'ailleurs il faut laisser cette
opération aux Artistes qui s'en font une
ressource ; mon intention n'est pas de leur
nuire dans leurs travaux, au contraire ils
pourront y trouver un agrément, si mes
principes passent en usage dans l'éducation
des jeunes personnes, par l'habitude qu'on
leur fera prendre de bonne heure d'avoir soin
de leurs cheveux.

Il sera certainement fort agréable pour
ceux qui seront dans le cas de les peigner

de temps en temps pour mettre leurs têtes en
état, dont je prouve qu'il est très-essentiel
d'avoir cette propreté pour le bien & la
conservation des cheveux.

Ainsi, prenant l'article de l'accommodage, les personnes chargées de la con-
duite de l'éducation de ces enfants, en tire-
ront elles-mêmes un avantage sans s'en appercevoir, parce qu'en exerçant ces petits
jeux instructifs, cela les mettra à même de
manier les cheveux avec aisance, si elles
veulent y prêter attention ; & cela fera
encore qu'en y prenant goût, elles auront
soin avec bien plus de facilité des cheveux
de leurs petits enfants, ce qui ne sera pas
d'une grande peine à la vérité jusqu'à un
certain âge, comme je l'ai dit, qu'il n'est
pas nécessaire qu'elles soient frisées, mais
au moins entretenues avec toute la propreté possible.

Il sera aussi très-essentiel, pour fortifier
les cheveux de ces enfants, de couper leurs
faces en vergette, même le tout si l'on veut,
ou bien ne les pas laisser trop grandir,

qu'à mesure qu'elles viendront en âge ; &
pour cela on aura attention de les couper
tous les mois, dans le premier quartier de
la lune ; & quoique sans frisure l'on peut,
malgré cela, accommoder ces enfants d'une
manière agréable.

Pendant le temps que les cheveux ne sont
pas encore assez longs pour faire un chignon,
on pourra les peigner en remontant sur le
haut de la tête ; bien peignés dans leur sens,
& ramenés bien droits sur le milieu, pour
lors, quand on le peut, on les attache légérement avec un petit cordon de peau ; cela
donne de l'air aux cheveux d'en-bas, qui
souvent se trouvent étouffés ou cassés par le
mouvement du col, lorsqu'on les laisse baiffés ; les cheveux relevés de cette manière, don-
nent souvent une forme agréable à ces sortes
de petits chignons, & l'on peut attacher
avec plus de facilité un bonnet ou un petit
chapeau, qui sied si bien aux jeunes enfants ;
& du bout des cheveux, suivant leur longueur,
on en fait, si l'on veut, une ou plusieurs boucles, sans frisure, que l'on roule avec la

compas, qu'on attache avec une épingle bien entrelaffée dans le roulé, pour n'être pas dans le cas de tomber aux mouvements continuels de ces petits enfants ; une épingle bien entrelaffée eft fuffifante pour chaque boucle, & vaut mieux que quatre mal mifes, qui ne peuvent être que dangereufes à ces âges-là.

TRAITÉ
DES PRINCIPES
DE L'ART DE LA COËFFURE.

ARTICLE I.

L'Art de bien peigner dans toute son étendue ; c'est une opération nécessaire pour le bien de la tête, la propreté & la conservation des cheveux.

SI l'on veut parvenir dans cet Art, c'est d'apporter tous ses soins à manier les cheveux avec aisance, qui prévient les personnes dont on commence à pei-

gner ; car si l'on s'y prend mal-adroite-
ment, l'on force les gens à avoir mauvaise opinion de la réussite de la Coëffure : ce qui occasionne de la mauvaise
humeur , qui souvent déconcerte l'Artiste ; c'est une des qualités la plus essen-
tielle de l'Art , en ce qu'elle ménage
beaucoup les cheveux, fait du bien à la
tête , en les mettant dans leur sens ,
qui ne contribue pas peu à une parfaite
santé,

C'est donc d'y apporter tous ses
soins d'une maniere à ne faire aucune
douleur. D'abord il faut commencer
par le chignon : d'une main, on tient
fermes les cheveux , & de l'autre le
gros peigne avec lequel on démêle , à
commencer par la pointe ; & à mesure
qu'elle se démêle , on monte à la racine. Parvenu à la hauteur du cou, il
faut faire entrer doucement les dents
du peigne sur la peau, & toujours des-
cendre jusqu'à la pointe, en couchant
le dos du peigne en - bas, ce qui le

fait fortir avec plus de facilité : on continue de même jufqu'au haut de la tête ; & depuis le haut de la tête jufqu'au-bas du cou, il faut légérement faire fentir les dents du peigne fur la peau, tantôt d'un côté, tantôt d'un autre : cela fe fait à petits coups, & fouvent répétés.

Lorfque l'on fent que les perfonnes pouffent la tête contre le peigne, il faut récidiver, & appuyer un peu plus ferme, parce qu'il eft sûr qu'à cet endroit-là, cela fait du bien ; fi au contraire on retire la tête, ce qui eft une preuve que l'on fait du mal, alors il faut aller plus légérement ; en s'étudiant ainfi, on parviendra à fentir au tact le mal ou le bien que l'on peut faire.

Il faut bien démêler le tout, de façon que rien ne réfifte au paffage ; s'il arrive quelque réfiftance au peigne, il faut arrêter tout court ; car fi l'on fuit, on caffe immanquablement les cheveux : de là la deftruction, en occafionnant beaucoup de douleurs. Le moyen le plus simple & facile à comprendre, pour mettre la tête des personnes à l'aise, est lorsqu'on fait très-bien peigner, de placer tous les cheveux dans leur sens, afin d'en ôter plus facilement la vieille poudre ; & qu'au besoin, on en remette de la nouvelle ; ce qui rafraîchit & fait un très-grand bien, qui souvent évite les maux de tête, & j'ose dire, par expérience, préserve de migraine : voilà donc la santé.

Après avoir attaché avec un ruban la partie du chignon, l'on peigne de même avec attention les faces, toujours avec la précaution de commencer par la pointe, ce qui n'est pas difficile à comprendre ; que si on commençoit, comme il a bien des personnes, croyant aller plus vîte, s'y prennent dès la racine, entraînent infailliblement les cheveux, & font beaucoup de mal,

ARTICLE II.

*Comment il faut s'y prendre pour séparer,
avec la plus grande régularité, les cheveux des faces d'avec ceux du chignon.*

APRÈS avoir bien peigné & net-
toyé la tête, on sépare les cheveux du
chignon d'avec ceux dés faces avec régularité, ce qui fait la propreté de l'accommodage, & évite un mélange qui
donneroit beaucoup plus de peine à la
réussite de son ouvrage.

Premiérement il faut commencer à
droite, & s'y prendre sur le haut de la
tête, en se penchant légérement sur le
devant de la personne : alors avec le
côté le plus gros du peigne à deux fins,
on sépare les cheveux du milieu du
front, à trois ou quatre doigts d'épaisseur plus ou moins, suivant la largeur
de la tête, ensuite on descend en aug-

mentant légérement fur l'épaiffeur du chignon jufqu'en ligne directe vers la tempe, & imperceptiblement on diminue jufqu'au-bas du cou, plus ou moins que les perfonnes auront les cheveux éloignés des oreilles, à la diftance dans le bas de deux ou trois doigts d'épaiffeur.

Ainfi depuis le fommet de la tête, pris à trois ou quatre doigts, tirer un peu en augmentant vers la tempe, & infenfiblement diminuer jufqu'au-bas du cou, à deux ou trois doigts, plus ou moins que l'on a de cheveux.

Que cette féparation foit très-bien faite, en forte qu'il n'y ait pas un cheveu qui fe communique dans les faces, de même des faces dans le chignon ; parce qu'il eft très-effentiel que cette féparation foit de la plus grande régularité, pour la facilité & la propreté de l'accommodage, & avoir la plus grande attention de féparer les deux côtés bien également ; alors on attachera la partie du chignon avec le ruban.

ARTICLE III.

Différentes manieres de couper les cheveux plus ou moins longs, suivant la Coëffure que l'on doit faire.

AUTREFOIS la coupe des cheveux étoit un myſtere, dont très-peu d'Eleves étoient initiés ; il eſt vrai qu'elle étoit bien plus difficile qu'aujourd'hui, il falloit un grand uſage pour y parvenir : on les portoit fort courts, & il ne falloit pas qu'un cheveu paſsât l'autre ; ce qui exigeoit une attention ſuivie à les mettre dans leur perfection ; & le talent d'un Coëffeur de ce temps-là , étoit la coupe des cheveux ; il n'y avoit dans Paris que très-peu d'Artiſtes à qui les Dames mettoient leur confiance pour cette opéra-tion.

Aujourd'hui on s'eſt apprivoiſé , un chacun les coupe ſans trop ſavoir com-

B iv

ment ; mais comme on porte à préſent les cheveux très-longs, les défauts en paroiſſent moins, ce qui fait que l'on paſſe aiſément par-deſſus.

L'on ne doit pourtant pas négliger cet article de l'Art, il eſt de conſéquence pour le bien des cheveux & la facilité de l'accommodage. L'Art de la Coëffure qui eſt un printemps continuel par ſes variations dans l'arrangement des cheveux, ne l'eſt pas moins pour la coupe ; c'eſt aux Artiſtes à s'y perfectionner dans tous les temps, dans tous les ſens, pour tous les différents accommodages.

Voici une maniere très-ſimple, & celle que les Eleves doivent ſuivre, pour apprendre, en attendant qu'ils ſachent bien manier les cheveux & le peigne.

D'abord il faut commencer à partager les cheveux du milieu du front, ce qui déſignera deux côtés, l'un droit & l'autre gauche ; il faut encore partager chaque côté en deux, à prendre la ſeconde ſéparation du chignon droit aux environs de la tempe, & avec le peigne à deux fins on tirera la ligne en baiſſant ſur le devant du haut de l'oreille, enſuite peignant cette partie de cheveux bien couchés ſur le front, & bien mis dans leur ſens, de façon que ceux de derriere ſe trouvent bien étendus ſur ceux de devant; alors les tenant bien fermes entre les doigts de la main gauche, de la droite on coupe avec attention les cheveux, à commencer du milieu du front, & alongeant toujours du côté de la tempe; & imperceptible-ment depuis la tempe juſqu'au bord du devant de l'oreille où finit la ſéparation, on les raccourcit légérement; ſi les che-veux ſont courts, il faut n'en couper que les pointes; ſi au contraire ils ſe trouvent longs, on en coupera davantage, c'eſt-à-dire, qu'étant bien couchés ſur le front, on peut les couper à trois ou quatre doigts de diſtance de la figure plus ou moins, ſuivant la Coëffure plus ou moins haute que l'on a à faire.

S'il arrive que des perſonnes aient

B v

beaucoup de cheveux, & que cette partie dont je viens de parler, étant bien
féparée & bien peignée, ne puiffe pas
tenir dans les doigts de la perfonne qui
coëffe, alors on pourra la féparer en
deux : toujours s'en tenir aux deux premieres féparations, c'eft-à-dire, que pour
pouvoir tenir plus facilement les cheveux
entre les doigts de la main, on peut féparer cette premiere partie par le milieu,
à commencer fur le haut de la tête, je
veux dire, du côté du chignon, aux environs de la partie fupérieure de la tempe;
& au lieu de defcendre fur le haut du devant de l'oreille, comme il eft dit, il faut
tirer la ligne droite fur le front qui fe trou-
vera finie fur le devant de la tempe. Pour
lors étant bien peigné en baiffant fur le
devant, on coupera cette premiere partie en alongeant du côté de la tempe;
& pour la feconde, on la peignera de
même en y mêlant un peu de la premiere,
pour ne les pas couper plus courts, ce qui
feroit une faute très-groffiere; ainfi on

aura donc attention de les couper fur la même longueur des premiers, en les raccourciffant légérement à mefure que l'on defcend fur le devant du côté de l'oreille.

Les cheveux coupés de cette premiere façon, on repeigne les deux parties enfemble en montant fur le chignon, toujours bien droits dans leur fens & fur leur racine, & l'on verra qu'ils fe trouveront étagés; il pourra fe faire qu'ils fe trouvent un peu longs du derriere, pour lors en les peignant bien droits, & les tenant en l'air en élevant les bras, on en coupera les pointes en alongeant toujours du côté de la tempe.

Enfuite on reprendra la partie de cheveux que l'on a laiffés derriere l'oreille, & les peignant en les baiffant de même en devant, on aura attention d'en mêler toujours des autres en commençant à les couper, afin de les mettre à leur même longueur; en alongeant jufqu'au-bas du cou, cette partie de cheveux doit être deftinée à faire des boucles plus ou moins

B vj

groſſes, ſuivant le goût des perſonnes. C'eſt pourquoi il faut que les cheveux ſoient proportionnés, & il vaut mieux les laiſſer plutôt trop longs que trop courts, & s'y prendre à pluſieurs fois avec réflexion, que d'en couper trop à la fois. Ce côté-là fini, on doit apporter toute l'attention à couper l'autre de même, avec toute l'égalité poſſible.

Cette façon de couper les cheveux eſt très-ſimple; elle ne réuſſit pas moins, & pour les mettre d'égalité, cela ne demande qu'une attention réfléchie, que tous les Artiſtes doivent avoir afin de réuſſir.

ARTICLE IV.

Autre maniere de couper les cheveux plus correctement, qui exige beaucoup plus d'attention, sur-tout quand on veut les avoir courts.

ON doit toujours s'en tenir à la premiere séparation; mais au lieu de prendre la seconde comme à l'autre façon, qui est depuis le haut de la tempe en descendant sur le haut du devant de l'oreille, il faut au contraire prendre les cheveux par mêches dans toute l'épaisseur, faire les séparations à-peu-près égales, à un doigt de distance l'une de l'autre; qu'elles soient toutes tirées droites en-devant comme la premiere que l'on fait sur le front.

En peignant cette premiere mêche bien en l'air, la tenant ferme & bien tendue entre les deux premiers doigts de la main gauche, dont la position du bras doit être très-élevée, & tenant les ciſeaux de l'autre main les pointes élevées, l'on donne le coup de ciſeaux, ſoit en-deſſus, ſoit en-deſſous la main ; mais je préfere le dernier, parce que la main gauche a bien plus d'aiſance à fuir en arriere : commençant à couper pardevant, en alongeant toujours ſur le derriere, & à meſure que la main ſuit en montant, l'autre doit ſuivre de même, en coupant les cheveux légérement.

De cette premiere mêche on en prend une autre, en deſcendant, comme je l'ai dit, de l'épaiſſeur du doigt, ayant attention de toujours mêler des cheveux de la premiere avec la ſeconde ; afin de ne les pas couper plus courts ; toujours tenir les cheveux droits bien tendus, en montant vers la premiere ſéparation, pour que ceux de la tempe ſe trouvent plus longs que ceux de deſſus la tête, à moins que l'on ne voulût conſerver ce que l'on appelle une phyſionomie ; il faut pour lors laiſſer environ deux doigts de chaque côté de la premiere féparation, qui forme le milieu du front; il ne faut pas les couper fi courts que les autres, & quelquefois même ne les point étager, fuivant que les perfonnes veulent avoir cette phyfionomie liffe ou bien crêpée. Pour cet effet, il faut commencer la coupe des cheveux après avoir féparé & mis à part de quoi la faire ; & pour que ceux-là ne gênent point pendant l'opération, on les attache avec une épingle.

Les deux premieres mêches, comme il eft dit ci-deffus, ou celle qu'on pourroit prendre après la phyfionomie, doivent guider & conduire alternativement jufques par derriere le haut de l'oreille, & pardevant jufqu'au-bas des racines, ayant toujours l'attention, comme je l'ai dit, de bien peigner les cheveux en remontant à la premiere féparation.

S'il arrive que des perfonnes veulent que leurs racines foient très-courtes, il faut alors les couper à part, auffi par mêche ; dans le même ordre que ci-deffus, pour bien les mettre d'égalité. Pour ce qui eſt derriere l'oreille, on le laiſſe pour la fin. Après avoir coupé les cheveux de cette maniere avec toute l'attention poſſible, on les baiſſe tous en devant, comme il eſt dit à l'article ci-deſſus ; on en coupe la pointe à commencer par le haut, & alongeant toujours du côté de la tempe, enſuite on les repeigne en les remontant droits dans leur ſens, comme il eſt dit dans le même article : étant bien remontés, on en coupe encore les pointes dans le même ordre.

Prenant alors les cheveux qui ſont derriere l'oreille, qui doivent être deſtinés pour faire des boucles, on fera la même choſe qu'à l'article ci-deſſus.

C'eſt l'article de l'Art qui demande plus de réflexion, parce que dès la coupe on doit prévoir l'accommodage qu'on doit faire ; car s'ils étoient trop courts, on ne pourroit pas faire un accommodage élevé ; de même que s'ils étoient trop longs, on auroit bien plus de difficulté

à les réduire bas : ce ne feroit qu'à force
de taper qu'on y parviendroit, & cela
n'auroit point un air léger, qui fait la
perfection de la Coëffure.

ARTICLE V.

*La façon de couper les racines en ver-
gettes.*

R I E N n'eft mieux que de baiffer les
cheveux que l'on deftine pour cela ; alors
il faut prendre la féparation à deux doigts
près du milieu du toupet, dont il faut
bien fe garder de ne jamais couper dans
aucun temps, parce que cela fied très-mal
& a tout-à-fait mauvaife grace, ce qui fait
qu'on a plus de peine à fe coëffer : ainfi
on en laiffe environ quatre doigts, & on
commence la féparation au-deffous ; il faut
la tirer nette, en augmentant légérement
à mefure que l'on defcend fur l'oreille, à
deux doigts plus ou moins d'épaiffeur du

bord des racines. Les cheveux bien peignés & couchés fur le front tout près de la tête, on les coupe depuis le haut jufqu'au bord de l'oreille ; enfuite relevant doucement tous les cheveux qui font baiffés, en paffant légérement le peigne deffus, on donne encore un coup de cifeaux aux plus longs, & alors on les repeigne tout-à-fait en remontant fur les autres, ayant attention de toujours chercher le fens des cheveux, pour qu'en remontant ils ne forment point d'épis, ce qui arrive affez fouvent quand on le fait au hafard ; il faut donc, pour l'éviter, avoir la précaution d'en chercher le vrai fens ; & pour y donner la derniere perfection, c'eft de pofer & coucher à plat le peigne fur les racines, ayant le bras élevé, faire entrer les dents légérement, de façon que les pointes des cheveux qui viennent d'être coupés, paroiffent dedans & fur la furface des dents du peigne, qu'il faut tenir élevé du derriere, & donnant légérement le coup de ciſeaux par-deſſus, pour en couper encore toutes les pointes, à commencer du bas de l'oreille, allant en montant juſqu'en haut où finiſſent les vergettes.

Et avec un air d'aiſance, récidiver pluſieurs fois à remonter le peigne dans les vergettes, & d'en couper très-peu chaque fois, avec réflexion.

Si, dans un cas de néceſſité, comme après des couches ou une maladie, les cheveux tombent par trop grande quan-tité, qui annonce une deſtruction totale, il eſt de la prudence, pour les conſerver, d'uſer du remede néceſſaire en pareil cas, qui eſt de les couper tous en vergettes, je veux dire, les faces; car pour le chi-gnon, il ſeroit trop long à revenir : il faut néanmoins en couper une bonne partie plus ou moins qu'on les aura longs; ainſi, comme on s'y eſt pris pour couper les racines, on continuera de même, en les tenant toujours plus longs du derriere, ainſi que le milieu du toupet, parce qu'à cet endroit les cheveux ſe dépériſſent moins que fur les tempes, qui eft la partie la plus délicate.

On laiffera de chaque côté de quoi faire une ou deux boucles, fuivant la volonté des perfonnes ; on les tiendra beaucoup plus courts, & on aura attention de rafraîchir fouvent la totalité.

ARTICLE VI.

Le temps propre pour couper les cheveux & les maintenir toujours en bon état.

JE ne dois pas héfiter à nommer le temps propre pour les couper ; l'on doit obferver pour la coupe des cheveux, celle que l'on fait pour celle des bois ; pour ces derniers, on choifit toujours un temps propre à les faire repouffer avec production. Pourquoi ne le feroit-on pas pour les cheveux ? La nature qui nous en a pourvus, ne nous les a pas donnés pour les laiffer périr faute

de foins; pourquoi donc négliger une par
tie de nous-mêmes fi précieufe, qui fait
l'ornement de la parure, au point de ra-
jeunir, même dans le plus grand négligé,
& qui fied fi bien dans tous les temps?
N'auroit-on pas la plus grande attention
à fe fervir des vrais moyens pour fe la
conferver, puifqu'elle eft dans la claffe
de toutes les végétations? Il faut donc
choifir un temps propre à la maintenir
toujours en bon état, car des cheveux
dépéris ont beaucoup de peine à reprendre, & j'ai peine à croire à tout le
charlatanifme des pommades pour en faire
croître ; je ne connois que les adoucif-
fants & le bon foin qui puiffent y remé-
dier.

Le vrai temps pour les couper eft depuis la nouvelle lune jufqu'à la pleine,
ce qui fait quatorze jours ; ainfi, dans
cette motié de mois, on peut trouver
un jour pour fe les faire couper quand
on en a befoin. Pour les cheveux coupés en vergettes, pour caufe de dépé-

riſſement , il faut qu'ils le ſoient environ tous les quinze jours, pour les fortifier ; pour lors on prendra les premiers
jours de la lune , puis la veille ou le jour
de la pleine lune , & par la ſuite une fois
par mois , en choiſiſſant un jour dans le
premier quartier. Je ſuis très-certain qu'en
obſervant cette méthode , dès le premier
accident , on ne ſera jamais dépourvu de
cheveux , à moins que la nature ne ſe
ſoit oubliée.

ARTICLE VII.

*La maniere de couper les papillottes dans
le vrai ſens du papier.*

LES cheveux bien coupés avec réflexion , peignés avec toute l'attention ,
la propreté & la légéreté poſſible , à ne
point laiſſer de vieille poudre , on ſe diſpoſera à mettre les papillotes.

Pour apprendre à les couper , il eſt nécessaire de connoître le sens du papier ; pour l'ordinaire on se sert de papier brouillard, parce qu'il est plus doux & plus liant : on coupe d'abord le premier plis, qui est celui du Marchand ; ensuite on le plie en deux , en travers, & non pas en long : on coupe encore ce second plis, & du restant dans son plus étroit , on le plie en deux ou trois , suivant la grandeur des papillottes qu'on veut avoir, ce qui fait encore un ou deux plis à couper ; & ce restant, qui doit être plus ou moins large, suivant comme on l'aura coupé, en deux ou en trois , on le coupe en triangle , & toujours par le plus étroit : ce qui lui donnera la forme, d'un côté quarré, & de l'autre pointu ; étant coupée dans son vrai sens, elle ne se creve point quand on met les papillottes simples , mais aussi elle se déchire droite quand l'on en a besoin pour mettre les doubles : cela évite d'en couper de plusieurs façons. Ce qui est très-gênant quand on est aux doubles, c'est qu'il faille avoir tantôt une grande , tantôt une petite , comme font bien des perſonnes , faute de s'étudier à abréger le temps , ſur-tout dans la ſéance des papillottes , qui eſt fort ennuyeuſe pour celle qui l'endure.

Ainſi la maniere dont je dis de couper les papillottes dans le vrai ſens du papier, abrege le temps , puiſqu'elles ſont toutes égales ; & quant au beſoin de les mettre doubles , on déchire , par le côté pointu ou quarré , dans toute ſa longueur , une petite bande qui ſe déchirera droite en-bas, pour s'en ſervir au beſoin : ce qui aſ-ſurément ne pourroit pas ſe faire , ſi elle n'étoit pas coupée de façon à connoître ſon vrai ſens.

On doit s'appercevoir que j'entre juſ-ques les plus petits détails.

ARTICLE

ARTICLE VIII.

La façon de séparer les cheveux pour mettre les papillotes avec propreté, & les ranger d'une maniere qu'on puiſſe avec facilité paſſer le fer dans les rangs, de tout ſens.

LA propreté dans cet Art conſiſte dans tous les points; celui des-papillotes n'en eſt pas exempt : quoique cet ouvrage ne ſoit point fait pour reſter, il n'en exige pas moins de la réflexion pour faire plus ou moins valoir les cheveux, jointe à une très-grande attention dans la façon de les mettre, en ce qu'il n'y ait pas un cheveu qui paſſe hors les papillotes, ce qui les mettroit en danger en les pinçant au fer, & occaſionneroit à faire beaucoup de mal par l'embarras qui ſe trouveroit en mettant la papillote.

Pour les mettre, il faut avoir attention

C

de bien féparer les cheveux pour chaque papillote : on commence ordinairement fur le milieu de la tête, mais cela eft arbitraire quand on eft bien au fait ; on cherche les pofitions qui font les plus faciles : fuppofons le milieu de la tête, où fe fait la premiere féparation, on doit toujours commencer par les plus longs, qui font ceux du côté du chignon ; ainfi prenant une meche groffe comme le bout du doigt, on la fépare bien carrément avec les dents du peigne, on la tient bien tendue dans les doigts, fans trop tirer, & faire enforte de s'accoutumer à tourner avec les deux premiers doigts, comme en jouant cette petite meche, depuis la racine jufqu'à la pointe, ce qui donne une dextérité & un air d'aifance à manier les cheveux qui prévient pour la perfonne.

Ainfi parvenu à la pointe, on la courbe un peu fi elle n'a pas encore été frifée, ou s'il n'y refte aucun veftige de l'ancienne frifure ; s'il en refte encore, cela donne plus de facilité ; car à force de tourner leſtement cette pointe dans les doigts, on parvient à lui faire prendre ſon vrai ſens, & du bout des doigts on en tient la pointe, que l'on ſerre bien entre le pouce & le premier doigt, en lui faiſant faire pluſieurs tours ; & à meſure que l'on avance, on les ſerre plus ou moins, ſelon la ſolidité qu'on veut donner à la friſure ; il faut en outre avoir l'attention de bien prendre tous les petits cheveux qui ſe trouvent le long de la meche, en les ramaſſant avec la main gauche, ſans pour cela quitter la pointe qu'on a déjà roulée, & qu'on tient bien ferme avec deux ou trois doigts de la main droite, qui ſont ceux qui travaillent le plus à mettre les papillotes, tant de la main droite que de la gauche ; & à meſure que l'on roulera les cheveux, on aura attention de pouſſer le roulé de temps en temps avec le bout du doigt de la main droite, afin de faire la friſure plus ferme : on continuera de même juſqu'au-

C ij

près de la tête, ayant la précaution de ne point faire de mal.

Lorsque les cheveux feront roulés affez près de la tête, il faudra les enve-lopper avec le papier qui lui eft def-tiné.

Pour cet effet il faut tenir le roulé de la main gauche, préfenter le papier de la droite, l'enfoncer en-deffous le roulé ou anneau, de façon qu'il fe trouve dans le milieu de la papillote ; ainfi pofée on remploie à droite le papier par-deffus l'anneau, à gauche de même, en obfer-vant de bien ferrer le fecond pli par-deffus le premier, de maniere que la racine fe trouve bien enfermée, que l'un & l'autre de ces deux plis ne bâillent point ; alors au-bas on fait encore deffus le roulé un pli de droite & de gauche, les ferrer de même que les premiers ; enfuite on tortille légérement le papier en tournant à droite, tenant bien ferme l'anneau de la main gauche, tandis que l'autre tortille de façon à ne point crever la papillote.

& néanmoins il faut qu'elle le soit de matiere à ne point se défaire.

Cette premiere meche mise, il faut
suivre la ligne en descendant le long du
chignon, avoir attention de les séparer
bien également ; ensuite on en fait une
seconde, & que toutes soient rangées avec
propreté, comme une plantation d'ar-
bres, de sorte qu'on puisse promener le
fer avec facilité dans les rangs de tout
sens, quand il faut les pincer ; ce qui au
contraire donneroit beaucoup de peine,
si la propreté n'y étoit pas, & l'on ris-
queroit de brûler les cheveux ; ainsi d'une
troisieme rangée, avec la précaution de
les diminuer de grosseur à mesure que
l'on descend sur le front, dont il faut
qu'elles soient plus petites, & serrées encore plus fermes, tant pour faire le tapé
plus fin, que pour donner de l'abondance aux racines.

Il faut donc se perfectionner à bien
mettre les papillotes avant de les passer
au fer ; & pour mettre le temps à

profit, il faut faire comme si elles étoient pincées, les défaire, & s'amuser à manier les cheveux, quoique sans frisure, pour se faciliter à l'accommodage, quand elles le seront.

Je le répete, avec de l'attention & du travail, qui est environ deux ou trois heures par séance, les continuer tous les jours plutôt deux fois qu'une, je suis garant qu'en moins de huit jours on saura parfaitement bien mettre les papillotes, à l'habileté près, qui ne s'acquiert qu'à force de travailler.

ARTICLE IX.

Comme il faut mettre les papillotes doubles, de maniere qu'elles ne détruisent point les cheveux.

IL y a bien des personnes qui ne veulent point de doubles papillotes, parce qu'elles prétendent que cela gâte les cheveux; il faut en cela, comme en toute autre chofe, fe conformer aux volontés des perfonnes. Mais, de la maniere dont elle eft ici démontrée, je fuis certain du contraire ; elle fait même beaucoup moins de mal à mettre quand les cheveux font très-courts, que la fimple ; elle fait une frifure plus ferme, qui rend le tapé beaucoup plus fin, il n'y a que de l'attention à avoir pour les défaire ; c'eft à quoi on ne doit pas manquer, fimple comme double.

Il faut, après s'être bien perfectionné à mettre les papillotes fimples, rang par rang, à commencer le long du chignon, avoir la précaution de bien étendre les meches de cheveux en arriere quand on les roule, pour que cette premiere rangée ne tombe point en-devant, ce qui empêcheroit de mettre la feconde, ainfi des autres : pour cela il faut élever les bras, autant pour ne point appuyer fur la perfonne, ni la gêner en aucune maniere : il faut donc que la premiere rangée foit bien droite en arriere, pour donner plus de facilité à mettre les autres qui doivent, à mesure que l'on avance sur le front, diminuer de grosseur ; & c'est sur le bord du front qu'on doit mettre les doubles.

L'on met une ou deux rangées de papillotes doubles & quelquefois trois, suivant la quantité de cheveux que l'on a sur les tempes, ou que les personnes exigent une frisure plus ou moins ferme.

Pour des tempes bien garnies, il suffit souvent d'une rangée ; quand les cheveux sont longs, & qu'on ne veut pas avoir la frisure bien près de la tête, on évite de les mettre de trop près ; si au contraire ils sont très-courts, on en mettra deux rangées : en s'étudiant qu'aux endroits les plus foibles, d'avoir attention de les mettre plus petites, & toujours d'éviter de les serrer tout près de la tête, de crainte de brûler en les pinçant au fer ; cette attention doit être aux simples comme aux doubles, parce que plus la papillote est fine, plus elle multiplie les

cheveux, & donne un air d'abondance ;
s'il arrive que des perſonnes n'en aient
pas beaucoup, on ne riſque rien d'en
mettre trois rangées, parce que la façon
de mettre ces doubles fournit à la quantité, ſans pour cela détruire en aucune
manière les cheveux.

Pour cela, on prend les mèches bien
minces, toujours ſéparées proprement,
comme pour les ſimples ; & tenant les
cheveux bien tendus juſqu'à la pointe,
on prendra une papillote que l'on tiendra ferme de ſa main gauche, dont les
doigts tiennent la pointe ; de ſa droite
on la déchire à-peu-près par la moitié,
à prendre par le côté le plus long ; elle
ſe déchirera droite juſqu'en-bas, ce qui
fera une petite bande de papier, qui doit
ſervir à rouler les cheveux, en la pré-
ſentant dans les doigts qui tiennent la
pointe, & la paſſant par-deſſous, de façon
que cette pointe ſe trouve ſur le milieu
de la petite bande, tant dans ſa longueur
que dans ſa largeur ; alors on plie la moitié

C v

de cette bande dans toute sa longueur
par-dessus la pointe des cheveux, les
élevant imperceptiblement le pouce pour
recevoir ce rempli, & tout de suite un
autre pli, de façon qu'il en fasse faire un
aux cheveux, & le faire plus entrer dessous le pouce que le premier, en tenant
toujours ferme les cheveux, de crainte
qu'ils n'échappent ; alors on tortille la
petite bande de papier avec la main
droite, en la roulant dans les doigts,
comme on feroit d'un brin de fil, de
maniere qu'en roulant le papier, on sente
qu'il entraîne les cheveux qu'on tient
dessous le pouce, dont on laisse aller
petit à petit jusqu'au point d'être près
de quitter de dessous le pouce, repre-
nant bien vîte le côté de la petite bande
qui sort d'entre les doigts, & tortillant
des deux mains, avec attention de rouler
les cheveux l'un sur l'autre bien droits
dans leur sens, & cela jusqu'à une cer-
taine distance de la tête, du plus ou
du moins que les cheveux sont longs,

ayant foin de bien prendre tous les petits cheveux; enfuite on rapproche les deux bouts du papier tortillé, on leur fait faire un tour ou deux enfemble, & on met par-deffus le reftant de la papillote, fi toutefois elle fe trouve affez grande pour l'envelopper de la même maniere que l'on fait aux papillottes fimples. En s'appliquant avec affiduité & attention pendant huit jours, au moins deux ou trois heures chaque, comme je l'ai déjà dit, on faura parfaitement bien mettre les papillotes doubles.

ARTICLE X.

Comment il faut pincer les cheveux avec le fer, & les regles qu'on doit observer sur le degré de chaleur.

C'EST l'article de l'Art qui demande le plus d'attention, & moins de précipitation, parce que si l'on ne réfléchit pas sur le degré de chaleur que doit avoir le fer, on se met dans le cas de brûler les cheveux, qui est un tort réel, & nuit beaucoup à l'accommodage. A la vérité, trop tiede, la chaleur ne pénétreroit pas toute l'épaisseur de la papillote ; mais aussi s'il étoit trop chaud, il y auroit beaucoup plus de danger pour les cheveux pincés, ce qui en occasionneroit le dépérissement & ne donneroit qu'une mauvaise frisure. Il est donc de la plus grande nécessité d'y apporter tous ses soins : c'est en l'essayant sur du papier blanc, qu'on réuffit à favoir le vrai de-gré; il faut qu'il ne le teigne qu'imper-ceptiblement, & alors on doit commencer par les papillotes de derriere. Lorfqu'on en aura pincé fept ou huit, on defcendra fur le devant; & à mefure que le fer fe refroidira, on y reftera un peu plus long-temps : il vaut mieux en changer plus fouvent, & fe fervir d'un fer doux, que de fe mettre dans le cas de les brû-ler. Il y a des perfonnes qui ont la mau-vaife manie de fouffler deffus à mefure qu'ils les pincent : je ne vois pas à quoi cela peut fervir, puifque cela ren-voie la chaleur fur la peau. D'ailleurs je ne trouve pas que cela foit propre, & c'eft fe fatiguer inutilement; en fe fervant d'un fer doux, on n'aura pas cette peine; & avec cette attention, on fera à même de ne point détruire les cheveux.

ARTICLE XI.

Comment il faut s'y prendre pour garnir le chignon plus ou moins, suivant le goût des personnes.

C'EST ordinairement pendant que les papillotes refroidissent, que l'on garnit le chignon; après l'avoir bien peigné, comme il est dit à l'art. Ier, il est de toute nécessité de le regarnir de pommade & de poudre, plus ou moins, tant pour faire du bien aux cheveux, que pour faire le chignon avec plus d'aisance. On prend de la pommade dans la main, que l'on broie bien, on la met sur les cheveux, en les ouvrant avec les doigts, pour que la pommade pénetre jusques dans la racine, de même jusqu'à la pointe. Après en avoir mis à plusieurs fois depuis le haut jusqu'en-bas, on prend le grand démêloir, on peigne bien doucement les cheveux dans leur sens, depuis le haut de la tête jusqu'au bas du cou, ainsi que jusqu'à la pointe, pour que la pommade soit bien incorporée dans toute l'étendue de leur longueur : ensuite on y met de la poudre, & pour cela, on passe la main gauche en-dessous tout près du cou ; & en élevant un peu la main, les cheveux doivent s'ouvrir d'eux-mêmes pour recevoir la poudre. On en prend dans la boîte, qu'on aura soin de mettre à sa portée, pour ne point embarrasser personne, & savoir se suffire à soi-même. Prenant la poudre à pleine main, on la met sur le haut de la tête, la faisant entrer avec les doigts ; & même, si l'on veut, on se sert du plat de la main, en l'appuyant & la frottant légérement, pour la bien faire entrer dans les cheveux ; & pour réussir encore mieux, on peigne chaque fois, & avec les dents, on fait entrer légérement la poudre dans la racine : on en met tantôt sur le milieu, tantôt sur les côtés, afin de rendre le chignon égal,

Quand il eſt bien garni, on peigne de maniere à ne point faire tomber la poudre ; & c'eſt en couchant le dos du peigne en - bas à meſure qu'il deſcend, qu'on réuſſit.

C'eſt pourquoi il faut s'attacher à la mettre toujours dans le haut ; parce qu'en peignant de cette façon, on la fait toujours aſſez deſcendre à volonté pour en garnir le bas ; mais comme il ne faut pas trop dégarnir le haut, par la raiſon que le peigne qui tient le chignon en feroit moins ſolide, s'il n'étoit contenu par la poudre & la pommade, car des cheveux preſqu'à ſec, le peigne gliſſe toujours, il faut auſſi en mettre dans le milieu de la longueur des cheveux, ayant l'attention avant & après, de toujours mettre un peu de pommade pour en retenir la poudre ; & en peignant toujours le dos du peigne en en-bas, on parvient à faire deſcendre la poudre juſqu'à la pointe, ſans preſqu'en faire tomber par terre. Etant bien garni, on finira par mettre légére-

ment de la pommade par-deſſus ; & ſi on
ne fait le chignon tout de ſuite, on l'attachera avec le ruban, de façon que la
poudre ne tombe point. On aura attention pour celle qui ſera tombée par terre,
de la balayer dans un coin, ou de rem-
plier la moitié du tapis, s'il y en a un,
afin de ne pas marcher dedans ; car il n'y
a rien de plus mal-propre que de piétiner
dans la poudre à l'entour d'une toilette,
qui ſe fait très-ſouvent dans les apparte-
ments les plus propres : on doit avoir
mauvaiſe opinion de toutes perſonnes
qui coëffent, de n'avoir pas cette pro-
preté-là.

ARTICLE XII.

La façon de défaire les papillotes, simples comme doubles, avec attention de ne faire aucune douleur, & de garnir les cheveux de pommade & poudre.

L'ON m'entend toujours répéter le mot attention, c'est qu'on ne sauroit trop en avoir, quand on veut que son ouvrage soit bien fait, & celui-ci en exige d'autant plus par les maux qu'on feroit souffrir, si on agissoit autrement : cela feroit immanquablement plus de tort à celui qui ne s'accoutumeroit pas à avoir la main légere sur un ouvrage qui mérite toute l'attention possible ; & ce qui n'est pas commun, même le plus grand respect, qu'il vaudroit beaucoup mieux pour lui qu'il n'entreprît point un talent qui exige autant de délicatesse des doigts, que des mœurs.

Il faut donc avoir la plus grande attention à défaire les papillotes; c'est en détor-
tillant le papier avec précaution pour chacune ; & pour celles qui font doubles, il
faut aussi les dérouler avec grand foin jufqu'à la pointe. Quand elles font toutes dé-
faites, on peigne les doubles les unes après
les autres, avec la précaution de les dérouler, tant avec les doigts de la main
gauche, qu'avec le peigne de la main
droite. En les peignant doucement, toujours en remontant fur celles d'en-haut,
on fera fûr de ne faire aucun mal.

Ensuite on prendra un peu de pommade
qu'on étendra bien dans les mains, les
promenant légérement fur les cheveux
à plufieurs reprifes, faifant entrer les
doigts jufques dans la racine pour y bien
faire entrer la pommade, en en mettant
fur la peau : ce qui fait un très-grand
bien aux cheveux, & fur-tout avoir attention qu'en la mettant fur le bord des
racines, de n'en point mettre fur le front,
parce que cela déplaît à beaucoup de
perfonnes.

On met enfuite de la poudre ; avec la précaution de tenir la main gauche au-deſſus du front, pour que la poudre ne tombe point dans les yeux, & faire le moins de pouſſiere poſſible : c'eſt en épongeant la pommade avec la houppe de cygne, dont on aura pris de la poudre avec légéreté ; de forte qu'elle ne domine pas plus que la pommade, pour ne point trop deſſécher les cheveux ; il y en a beaucoup qu'il faut bien imbiber pour pouvoir en jouir ; ainſi, ſuivant la qualité du plus ou moins roide, on doit ſe régler.

ARTICLE XIII.

Comment il faut commencer par disposer un tapé avec goût, suivant la disposition.

LE goût est une chose qui ne peut guere se démontrer ; il doit être naturel chez toute personne qui desire apprendre tel Art quelconque ; & avant d'en entreprendre aucun, il faut bien se consulter & avoir la bonne volonté de soi-même : car sans la bonne volonté, le goût a plus de peine à se développer. Néanmoins je me propose dans cet Ouvrage, de procurer avec aisance les moyens les plus faciles pour y parvenir.

Pour commencer à disposer un tapé avec une ou deux boucles, on doit séparer les cheveux un peu de biais, plus qu moins ; c'est-à-dire, qu'on doit prendre la séparation du côté du chignon vis-à-vis le haut de l'oreille pour une boucle, & d'un pouce au-dessus pour deux. En tirant toujours la ligne en descendant sur le devant de l'oreille, on peignera à part & en gros cette portion de cheveux qui se trouve dessus & derriere l'oreille, pour, quand on saura parfaitement bien faire le tapé, en faire des boucles.

Pour faire le tapé, il faut commencer sur le haut de la tête, en se présentant un peu & légérement sur le devant de la personne; on prend les cheveux par meche, à commencer du côté du chignon, environ la largeur de deux ou trois papillotes; on les démêle bien jusqu'à la pointe avec le peigne à deux fins : bien peignés, on les reprend par le bas, en les mettant entre les deux premiers doigts de la main gauche, de façon qu'ils se trouvent dans la main, & appuyant le pouce sur le premier doigt, afin de tenir les cheveux plus fermes. Etant bien tendus, sans pour cela tirer, on tape légérement du côté du chignon,

en laiffant aller petit à petit la main gauche à la pointe, de façon qu'avec la droite
on faffe fortir tous les petits cheveux d'un
air léger, d'avec les grands ; & cela jufqu'à la pointe, ayant attention de ne point
trop les enfoncer dans la racine : alors on
les reprend encore du bas & bien tendus
en arriere, on tient cette meche entre le
pouce & le premier doigt, les quatre
étant pofés en arriere, de maniere à ne
pas être appuyé fur la tête. Il faut élever
les bras autant que l'on peut, & ne point
faire baiffer la tête aux perfonnes qu'autant qu'elles le voudront bien. Ainfi, tenant donc les cheveux fermes & légérement tendus en arriere, on tape par devant, dès le bas, un peu plus ferme
qu'on a fait en arriere; en forte que quand
les cheveux font tapés, ils fe tiennent
prefque droits fur leurs racines.

De cette meche on va à une autre, en
fuivant toujours la ligne fur le chignon,
& fur-tout que les cheveux foient bien
féparés ; on la tapera de même que la

premiere , mais en tapant en-deſſus autant que l'on pourra , on les liera enſemble , afin qu'à meſure que le tapé ſe fait,
il ne s'y forme point de raie.

Ainſi de cette premiere rangée on en
fait une ſeconde , qu'on prend auſſi meche
par meche en les tapant de même légérement en arriere ; & lorſqu'elles le
font , on les poſe deſſus la premiere rangée , en les tapant pardevant enſemble ,
les tenant toujours bien fermes de la main
gauche , pour que la droite ne puiſſe
faire ſortir que les petits cheveux d'avec
les longs , & cela depuis la racine juſqu'à
la pointe , avec le côté le plus fin du
peigne à deux fins. Sur toute choſe ,
avoir attention de ne les point trop enfoncer dans la racine , parce que cela dé-
garniroit le haut & donneroit un air ma-
telaſſé qui auroit tout-à-fait mauvaiſe
grace ; on doit à chaque rangée , avec la
queue du peigne , remonter légérement
tous les cheveux dans leur ſens , ſur-tout
les plus longs , pour garnir le haut: on

continuera

continuera cette seconde rangée jusqu'en bas, comme la premiere.

Ensuite une troisieme, que l'on prendra plus mince, parce qu'à mesure que l'on descend sur le devant, on doit les diminuer d'épaisseur, pour faire le tapé plus fin & plus uni. Parvenu au bord du front, on aura la plus grande attention à bien placer les racines, de sorte qu'elles se présentent comme des rayons, & forment bien le contours du front, de maniere qu'en quelque façon on puisse les sentir.

C'est ici le moment qui demande le plus de réflexion; c'est aussi celui où le goût doit beaucoup présider à faire valoir plus ou moins les cheveux & l'accommodage, en cherchant à remplir tous les vuides. D'abord, c'est de bien placer tous les cheveux dans leur sens avec la pointe d'une épingle ou la queue du peigne; & ensuite posant légérement la main dessus toute la Coëffure, on tape très-doucement en devant un peu ferme, en faisant

D

entrer les dents du peigne à queue, pour contenir les cheveux & les dégager de la figure pour celles qui ont un petit front ; & tout de fuite on redonne légérement un coup à la totalité : puis encore avec la queue du peigne, on cherche à remonter tous les cheveux droits dans leur fens, en s'étudiant à remplir tous les petits creux qu'il peut y avoir, fur-tout aux racines : en un mot, c'eft en dégageant les cheveux de celles qui en ont trop ou trop bas. C'eft auffi en les retirant plus ou moins, pour celles qui n'en ont pas beaucoup ou qui les ont trop éloignés, que l'on parvient à faire paroître ou difparoître la confufion, & c'eft le goût qui fait appercevoir d'un coup-d'œil l'air du vifage qu'il convient.

Enfin ce côté-là fini, on va à l'autre, où le goût préfide encore beaucoup à ne le pas faire différent : les deux côtés étant bien préparés également, on fera le chignon, parce que s'il avoit été fait avant, on auroit couru les rifques qu'il ne tînt pas pendant le travail du tapé : ce qui pourtant est égal, de le faire avant ou après, pour quiconque sait très-bien manier le peigne & les cheveux.

ARTICLE XIV.

La façon dont il faut s'y prendre pour relever le chignon & poser le peigne.

LE chignon étant bien garni, comme il est dit à l'article XI, il n'y a plus qu'à le relever : ainsi les cheveux étant déliés, on donne encore deux ou trois coups de grand peigne jusques dans les racines, pour l'élargir du bas ; alors on prie la personne d'avoir la complaisance de passer le cordon, que l'on conduit jusqu'au-bas du cou, plus ou moins bas, suivant le goût & la volonté des personnes que l'on coëffe. Tenant les cheveux de la main gauche, non pas à poing fermé, mais ouvert, pour ne point tant serrer les cheveux, on passe le peigne en-dessus & en-deſſous, dont on peigne légérement en élevant la main à meſure juſques vers la moitié de leur longueur. Les prenant donc par le milieu avec la main droite, pendant que l'on poſe la gauche en-dedans ſur le cordon, pour former en quelque façon le rempli; & tout de ſuite elle doit remonter toujours en-dedans pour prendre la place de la droite, & pour que celle-ci la reprenne pendant que l'autre poſe avec attention ce qu'il y a de trop long ſur le côté, afin d'éviter de tomber ſur le tapé: non ſeulement on gâteroit ſon ouvrage en l'empliſſant de poudre, mais c'eſt qu'il eſt très-mauſſade pour les perſonnes de ſe ſentir tomber les cheveux ſur le nez & la poudre dans les yeux.

Pour l'éviter, lorſqu'on conduit la main gauche en montant en - dedans l'épaiſſeur du chignon juſqu'au haut de la tête, à deux doigts près du tapé, il faut, comme je viens de le dire, que la droite reprenne tous les cheveux, pendant que l'autre met avec attention ce

qu'il y a de trop fur le côté gauche. Enfuite on paffe légérement la main gauche
en - dedans les cheveux pour les tenir,
tandis que la droite donne feulement
deux ou trois légers coups de peigne,
avec les groffes dents de celui à deux
fins, en les tenant légérement tendus en
l'air. Alors la main droite reprend les
cheveux qu'elle écarte un peu de la tête,
pour donner l'aifance à la gauche de rèn-
foncer le bout dans le fond du chignon.
S'il arrive qu'il fe trouve plus long que
le fond du chignon, on en laiffe remonter
encore la pointe, après en avoir garni le
bas. Quand cela eft bien arrangé, on retire les doigts de la main droite qui fe
trouvent pris dans le rempli du haut, on
pofe légérement la main gauche deffus,
en écartant les doigts pour tenir les cheveux de toutes parts : alors avec la droite
on acheve de donner une forme agréable
au chignon, en peignant toujours légérement fur les deux côtés qui font le plus
dans le cas de fe défaire. Dans ce mo-

D iij

ment on doit s'accoutumer à avoir de la vivacité, de crainte de fatiguer les perfonnes qui tiennent le cordon; & à mefure que le peigne va en en-haut, les doigts de la main gauche, qui, comme je l'ai dit, doivent être écartés, ils doivent auffi fe déranger l'un après l'autre pour lui laiffer paffage, afin de pouvoir le liffer jufqu'au haut du rempli.

Etant arrangé bien droit, pas plus épais d'un côté que de l'autre, alors on met le peigne de maniere à bien prendre tous les cheveux : d'abord on le pofe droit à trois doigts près du rempli, plus ou moins, fuivant la largeur du peigne, & toujours de façon à ne point gêner à mettre la toque ou couffin qui doit fervir à foutenir la Coëffure, ne l'enfonçant pas trop d'abord; enfuite en le couchant, on l'enfonce légérement de façon qu'il gliffe fur la peau, ayant attention de ne point piquer la tête : cela fe doit fentir au tact.

Je dirai ci-après la maniere de pofer le peigne renverfé, qui fait qu'il fe trouve mis en-dedans des cheveux, ainfi que de faire différentes treffes & différents chignons bouclés. Jufqu'à préfent je n'ai parlé que de la façon la plus aifée & la plus fimple ; je vais toujours fuivre de même jufqu'à la fin de l'accommodage, parce qu'on doit toujours commencer par le plus aifé, afin de pouvoir fe perfectionner par degré, & acquérir plus de facilité pour le difficile.

Je le répete encore, en moins de huit jours en travaillant avec affiduité, on faura bien faire un chignon.

ARTICLE XV.

La maniere de poser le couſſin ou la toque, qui rend la Coëffure plus ou moins ſolide, & met la tête des perſonnes à l'aiſe.

LE tapé bien préparé, & le chignon fait comme il eſt dit ci-deſſus, l'on poſera derriere ledit tapé & deſſous le rempli du chignon, un couſſin qu'on nomme toque, que chacun fait à ſa maniere, & qui, pour le mieux, doit avoir la forme triangulaire plus ou moins grande, ſuivant la largeur de la Coëffure, ainſi que plus ou moins haut; que toujours il ſoit plus élevé du derriere, pour avoir plus de facilité à entrer derriere le tapé, & avoir la jouiſſance de pouvoir arranger les cheveux deſſus, & mettre avec aiſance un bonnet.

On attachera ce couſſin avec trois

épingles , premiérement une petite à la pointe , qui entre deſſous le tapé , qu'on entrelaſſe légérement dedans avec les cheveux ſur le milieu de la Coëf-fure ; enſuite une autre de chaque côté , qu'on attachera à un petit ruban qui doit tenir au couſſin , & être aſſez long pour pouvoir y attacher l'épingle , & la faire paſſer entr'une des dents du peigne qui tient le chignon ; l'enfoncer dans la toque , avec attention de ne point faire de mal , & de ne la pas faire trop baiſſer des côtés ; & pour lui donner plus de ſolidité , de façon qu'elle ne varie pas , & rende la Coëffure beaucoup plus ſolide , c'eſt de bien mettre une épingle de chaque côté dans le tapé que l'on tiendra légé-rement tendu , en entrelaçant l'épingle , à commencer dans les cheveux du tapé , puis dans le couſſin , reſſortir du couſſin pour rentrer dans les cheveux , & des cheveux dans le couſſin , ainſi alternati-vement tant que l'épingle eſt longue , qui ne doit pas être plus longue que le

D v

doigt, ayant la précaution d'en renfoncer la pointe dans le couſſin, pour qu'elle ne ſoit pas dans le cas de piquer; & cela doit être fait comme ſi l'on faiſoit une repriſe, je veux dire légérement en prenant très-peu de cheveux du tapé dans chaque entrelacement, ſur toute choſe que cela ſoit fait de maniere à ne point occaſionner de douleur dans la journée: cela rendra la Coëffure ſi ſolide, que l'on pourra mettre ſur la tête telle choſe que l'on voudra, ſans crainte qu'elle varie en aucune façon; ce qui eſt très-gênant, & donne une ſorte de mal-aiſe qui fait craindre à chaque inſtant du jour que la Coëffure ne tombe, quand on n'a pas l'adreſſe de bien attacher ces épingles-là de chaque côté.

ARTICLE XVI.

Maniere très-simple d'arranger & finir le tapé.

AVANT de vouloir faire les grandes Coëffures, il faut d'abord se bien perfectionner à manier les cheveux avec aisance, en faisant les simples ; ce n'est qu'à mesure que l'on se sent de la force, que l'on doit augmenter son ouvrage ; quand on sait très-bien faire les simples, le goût se développe avec bien plus de facilité. C'est en commençant petit à petit, qu'on parvient avec le temps, du travail, de la réflexion, du goût & beaucoup de patience, à la derniere perfection, toutefois suivant les variations ; car dans cet Art, on apprend tous les jours.

Il faut donc commencer par arranger le tapé pour un grand négligé ; après que la toque est bien attachée, il faut revifiter en entier tout le tapé, & corriger tous les défauts, à commencer par les racines, remonter toujours les pointes en en-haut; &, s'il eſt néceſſaire, de temps en temps prendre le haut des cheveux à pleine main, pour leur donner quelques légers coups de peigne, afin de rendre le tapé plus ferme & plus ſolide, ſuivant le goût des perſonnes ; alors on les roule légérement, autant avec les doigts qu'avec les dents du peigne, & lui donnant pour une Coëffure négligée la forme ronde de côté, & plus élevée du milieu du toupet, aſſujettiſſant les cheveux avec quelques épingles qu'on met par-ci par-là dans le couſſin.

S'ils ſont trop longs au point de faire trop de confuſion, & qu'on voulût donner plus de ſolidité dans la forme du tapé, alors par les pointes, ſans preſque les détaper, on fait légérement, dans le haut de chaque côté, une ou deux ſépara-tions, ſuivant la quantité des cheveux que l'on a, à commencer par le milieu,

sur le haut de la tête ; on passera légérement le peigne par-dessus chaque meche,
pour les lisser jusqu'à la pointe, & sans
la quitter ; alors avec les dents du peigne, on roule les cheveux sur le doigt
dans leur frisure jusques sur la toque,
à la position convenable pour l'air du
visage : on les assujettit en y mettant une
ou deux épingles que l'on fiche dans le
coussin, de façon que la pointe ne baisse
pas sur la tête. Cette premiere meche
étant prise sur le milieu de la tête, doit
être plus élevée que la seconde, que l'on
roulera & placera de même, avec la réflexion de chercher la position plus ou
moins dégagée, de façon que cela sied
à la personne ; on y mettra aussi quelques
épingles, ainsi que pour la troisieme,
que l'on fera tourner en baissant sur
l'oreille, & la roulant un peu ferme,
autant pour dégager la figure, que pour
donner plus de facilité à mettre le bonnet,
dit grand négligé.

Les trois meches étant bien arrangées,

on raſſemble avec la queue du peigne toutes les ſéparations, tant d'un côté que de l'autre, de maniere que cela n'ait l'air que d'un ſeul roulé ; de bien viſiter toute la ſurface du tapé, & ne point laiſſer de creux ; de bien placer tous les cheveux dans leur ſens, & ſur-tout les racines, où il faut avoir la plus grande attention. S'il arrive que des perſonnes aient les tempes dégarnies, il faut avec une épingle ou la queue du peigne, chercher à ſuppléer à la diſette. C'eſt en tirant légérement quelques cheveux de part & d'autre, les ramener aux endroits vuides, ſans pour cela les déranger du tapé, & avec le petit duvet que l'on a toujours ſur les tempes, de la pommade & de la poudre diverſement colorés, arrangés bien adroitement : cela fait illuſion. Pour que le tapé ait une forme agréable, il faut lui donner une tournure légérement arrondie, c'eſt-à-dire, qu'à l'endroit des tempes où il creuſe preſque toujours, c'eſt de le rendre depuis les racines juſqu'en-haut, un peu plus bombé ; & qu'en fuyant fur l'oreille, il dégage davantage, cela fied à prefque tout le monde, c'eft du plus ou du moins dont il faut avoir attention à s'étudier. Il eft dit à l'article XIII, que c'eft le goût qui doit préfider à cette perfection, & qui fait appercevoir tous les défauts.

ARTICLE XVII.

Comme il faut s'y prendre pour faire une ou deux boucles au-bas du tapé, & la pofition des épingles.

COMME il eft dit à l'article XIII, on doit laiffer plus ou moins de cheveux pour faire une ou deux boucles ; pour une, il faut prendre la féparation plus bas que pour deux, bien entendu ; il faut pour une, qu'elle foit prife à-peu-près à la hauteur du haut de l'oreille, plus ou moins, fuivant que l'on aura des cheveux, que la féparation en foit faite quarrément & bien nette d'avec le tapé ; pour lors on le defcendra davantage fur l'oreille, pour qu'il n'y ait pas trop de diftance entre la boucle & le tapé. Ce dernier étant fait & bien arrangé, comme il eft dit à l'article ci - deffus, on fera la boucle ; les cheveux étant bien démêlés, on les garnira de pommade & de poudre : on les repeignera en les ramaffant bien entre les deux premiers doigts de la main gauche, appuyant le pouce deffus pour les tenir plus fermes : alors on les tapera avec le peigne à deux fins ou un peigne à queue un peu clair, de façon à faire fortir légérement en-deffus les petits cheveux d'avec les longs, & cela jufqu'à la pointe. On recommencera une feconde fois, à prendre dès la racine, toujours les bien ramaffer entre les doigts, & les tenir bien fermes, fans pour cela tirer à foi : ce qui occafionneroit à faire beaucoup de mal. Si cette boucle doit fe préfenter droite en long derriere l'oreille, il faut avoir attention, dès en la tapant, de tenir la main gauche penchée en-devant sur le cou, & avoir le coude élevé : ce qui facilitera à la mettre dans sa position. On peut retaper à plusieurs fois, mais toujours ferme dans la racine, ce qui donne de la consistance à une boucle & la rend beaucoup plus solide. Il faut encore avoir attention qu'en la tapant, les dents du peigne ne quittent les cheveux qu'imperceptiblement, & cela d'un air leste & léger à ne point matelasser les cheveux; ainsi jusqu'à la pointe, avoir la main gauche ferme, de maniere qu'elle ne sautille point, au point de faire remuer la tête que l'on coëffe, ce qui est très-désagréable; alors passant les dents du peigne en-dessous pour commencer à la lisser, & légérement par-dessus, ramenant toujours les plus longs à la pointe, & ne les quittant point d'entre les doigts qu'on ne soit parvenu à faire tourner la frisure dans son sens, sans pour cela la détaper. Pour lors se roulant presque d'elle-même, & l'aidant autant avec les doigts qu'avec le peigne, plus ou moins ferrée, fuivant le goût des perfonnes, on parvient à la mettre avec facilité à fa pofition. Pour cela il faut bien s'accoutumer à manier & tourner le peigne avec tant de légéreté, qu'on ne s'apperçoive pas fi c'eft la queue ou les dents qui agiffent.

Etant à fa pofition, il faut y mettre une épingle, la tenant avec le premier doigt mis en-dedans le roulé, & le pouce par-deffus pour la foutenir; pour lors on prend une petite épingle à-peu-près longue comme le doigt; & commençant en-dedans par le bas de la boucle, on l'entrelace du roulé à la racine des cheveux qui font tout près de l'oreille; de la racine rentrer dans le roulé, & du roulé dans la racine; ne prendre que très-peu de cheveux dans chaque entrelacement pour multiplier ce qu'on appelle faire une reprife (car c'eft fait à-peu-près comme on fait une reprife dans de la toile); & cette maniere de la mettre en évite la quantité, puifque pour cette boucle une épingle bien mife de cette façon eft très-fuffifante, telle flottante qu'elle puiffe être faite, fans craindre qu'elle tombe dans la journée.

C'eft ce qui arrive très-fouvent à bien des perfonnes qui ne font pas finies d'habiller, que la moitié de leur Coëffure eft défaite, faute de favoir les mettre. On recommenceroit volontiers la Coëffure, fi ce n'étoit un temps perdu qui mettroit les perfonnes dans le cas de manquer à leurs affaires; ainfi on paffe pour ce jour-là, dans l'efpérance que le lendemain on y prêtera plus d'attention. Mais le lendemain ne va pas mieux, faute de favoir & de s'étudier à bien les mettre : c'eft pourtant ce qui eft très-effentiel ; car il doit être très-défagréable de paffer une couple d'heures à fe faire coëffer, pour ne l'être bien qu'un quart-d'heure.

Autrefois on fe feroit fait fcrupule de paroître échevelée en fociété : à la vérité le peu de Coëffeurs qu'il y avoit dans ce temps-là s'attachoient à rendre leurs ouvrages parfaits, en y joignant l'élégance, la propreté avec la folidité ; mais depuis il s'en eſt multiplié un ſi grand nombre qui n'ont aucun principe en tout genre de l'Art de la Coëffure ; pourvu qu'ils travaillent, n'importe comment, ſans attention, ſans goût, même ſans reſpect, quittent leur ouvrage ſans s'embarraſſer s'il ſied à la figure ; ſans inquiétude pour l'air de décence, & ſans nul ſouci pour s'acquérir une bonne réputation.

La Coëffure étant plus que jamais à la mode, & le nombre des bons Coëf-feurs, tant par leurs mœurs que par leur ſavoir faire, n'étant pas ſuffiſant pour contenter tout le monde, a mis bien des perſonnes dans la néceſſité de ſe ſervir des gens ſans expérience, qui ont fait paſſer en mode par la pluralité, celle d'être échevelée, plutôt que d'être coëffée.

Comme cette mode ne peut ſubſiſter, on ne manquera pas de reprendre la Coëffure plus décente & plus analogue au caractere du beau sexe, à qui j'ose dire, n'a point cherché son avantage. Autrefois le talent d'un Coëffeur étoit de multiplier les beautés par la tournure de son ouvrage, de deviner d'un coup-d'œil tous les traits plus ou moins régu-liers, & d'opérer, pour ainsi dire, une métamorphose ; aujourd'hui on en ap-perçoit à peine à travers cette cheve-lure ébouriffée.

Mon intention n'est point de critiquer le goût qui regne aujourd'hui pour celles qui se mettent décemment ; il faut que tout Coëffeur, en se soumettant à la mode générale, la maîtrise cependant par des modifications particulieres, & cet air de décence qui impose si bien aux hommes un respect pour le beau sexe, dont l'un & l'autre ne devroient jamais s'écarter ; & tout Artiste doit se faire une loi d'embellir la nature plutôt que de la dégrader.

La mode actuelle n'est point discorde avec la nature, quand elle n'est point outrée : au contraire, elle fied à tous les âges ; & c'eft fi vrai, qu'on a peine aujourd'hui à diftinguer la mere d'avec la fille, ce qui me fait croire qu'elle fubfiftera long-temps, puifque tout un chacun y eft intéreffé. C'eft pourquoi il eft néceffaire de continuer ces principes dans le goût du jour, parce que quand on s'eft perfectionné dans un genre, on n'a aucune peine à fuivre les révolutions qui furviennent très-fouvent. Toutes les différentes Coëffures fe terminent en une, il n'y a qu'une façon de manier le peigne & les cheveux avec aifance, qui fait que quand on fait tourner une boucle dans un fens, on doit la favoir tourner dans telle pofition que l'on veut : il ne faut pour cela que de l'intelligence. C'eft donc de s'étudier à bien faire le tapé pour des Coëffures fimples, qui doit être auffi régulier que pour les grandes, & toujours de joindre l'air de décence & celui de la figure à la variation des modes, qui fait qu'on réuffit en très-peu de temps.

Si l'on veut faire deux boucles avec un tapé, on fera la féparation plus haut, on le tiendra moins bas, pour laiffer la place à cette feconde boucle, qui doit être pofée fur le haut de l'oreille.

Il faut pour faire cette feconde boucle (qui doit être faite la premiere), que les cheveux foient pris, tant fur le tapé, que fur celle d'en-bas, dont il eft parlé ci-deffus ; que la féparation de l'une à l'autre des deux boucles foit faite quarrément & bien nette ; en forte qu'il n'y ait point de cheveux dans toutes les féparations de l'une à l'autre.

C'eft en quoi confifte la propreté de l'accommodage, qui facilite beaucoup à la mettre dans fa perfection.

L'on fera cette feconde boucle de la même maniere que la précédente, que l'on tapera de même à plufieurs reprifes, mais le plus fuccintement poffible, à la pofition des mains de différence, car au lieu de la tenir penchée en en-bas, comme à la premiere, il faut au contraire la foutenir un peu en l'air, & toujours à l'endroit où l'on deftine mettre la boucle; que fi elle eft pofée en long comme la premiere, il faut tenir le coude élevé, la faire aller le long du tapé, & qu'elle defcende jufques fur le bord du haut de l'oreille. On met de même une petite épingle dedans l'anneau, qu'on entrelace légérement en montant jufques vers le milieu de la boucle, ayant attention que la pointe ne touche point à la tête, & une feconde plus longue que l'on met en-deffous & dans l'épaiffeur du roulé, pour foutenir le haut de la boucle, en faifant entrer cette feconde épingle dans le couffin, pour n'être pas dans le cas de tomber: ces deux épingles font très-fuffifantes pour contenir la boucle toute la journée.

Si l'on veut qu'elles foient pofées de biais, c'eft-à-dire en travers, qu'elles tournent du côté du chignon, pour lors il ne faut pas tant lever le coude, mais toujours tenir la main gauche pour faire

la

la premiere un peu levée ; & au contraire pour celle d'en-bas, qui est la seconde, il faut tenir la main bien baissée
sur le cou, comme il est dit ci-dessus.

Il faut pour ces deux boucles mises en
travers, que le tapé descende davantage
en tournant du côté de l'oreille ; tenir les
cheveux de chaque boucle tout uniment
devant soi ; la taper, la lisser, la rouler
de même avec propreté & légéreté,
plus ou moins serrée, suivant le goût
des personnes. Etant roulée suffisamment
près de la tête, ne la quittant pas de la
main gauche, alors avec la queue du
peigne, on fait rentrer tous les petits
cheveux en tournant la queue autour de
l'anneau avec aisance, tant pour approprier la boucle, que pour la serrer si l'on
veut un peu plus par-devant ; on y entrelace de même une petite épingle ; mais au
lieu de la faire monter comme à celle
qui se présente en long, il faut suivre le
sens de la boucle, en entrelaçant légérement de la racine au roulé, du roulé à

E

la racine; enfin toute la longueur de l'épingle, & ne prendre que très-peu de cheveux dans chaque entrelacement, comme il a déjà été dit; & pour l'élargir plus ou moins du derriere, on paſſe les deux premiers doigts dans le roulé, qu'on élargit à volonté; & une ſeconde épingle plus longue que la premiere, miſe en-deſſous & dans l'épaiſſeur du roulé, que l'on conduira dans la toque, afin de la rendre plus ſolide & plus ou moins ſaillante, ſuivant l'air du viſage & la volonté de la perſonne. On doit en poſant cette ſeconde épingle, voir d'un coup-d'œil la poſition que doit avoir la boucle qui doit être poſée plus ou moins en arriere, mais que toujours par-devant elle vienne affleurer l'oreille.

Ainſi la ſeconde boucle doit être faite de même, ou, ſi l'on veut, en long, ſuivant la volonté; alors on la fera comme il a été dit ci-deſſus, faiſant attention à la poſition des mains.

Il ne faut donc pas trop s'écarter de

sa destination, parce que cela occasionneroit plus de difficulté à la mettre dans
sa perfection. Par exemple, si des personnes veulent avoir leur Coëffure bien
dégagée, & les boucles bien en arriere,
ce qui sûrement seroit l'air de leur
visage, & qu'en tapant les boucles on
tienne les mains trop en-devant, on aura
bien plus de difficulté à les conduire en-
arriere que si on avoit eu l'attention d'y
tenir les mains; de même si on les veut en-
devant & rapprochées de la figure, & qu'on
tienne les mains trop en-arriere, on aura
la même peine, & on sera beaucoup plus
long-temps à rendre son ouvrage parfait.

Ainsi il est donc très-nécessaire d'avoir
attention à la position de ses mains, à
celle des épingles, sur-tout celle entre-
lacée qui en évite la quantité, & rend
la Coëffure solide, telle légere qu'elle
puisse être faite.

Cette Coëffure d'un tapé & deux boucles peut servir de trois manieres différentes. Premiérement en grand bonnet,

on ferrant davantage la premiere boucle,
& laiffant flotter la feconde plus ou moins,
fuivant le goût des perfonnes. Secondement en demi-négligé, en ne ferrant pas
tant la premiere boucle, foit en long,
foit en travers. Troifiémement, pour une
Coëffure plus élégante, où l'on peut
mettre un bonnet, un pouf artiftement
bien arrangé, enfin tout ce que l'on
voudra. C'eft en arrangeant avec goût le
tapé, en l'élargiffant & l'élevant beaucoup de côté, l'arrondiffant & diminuant de largeur à mefure que l'on defcend fur l'oreille, fi la boucle eft mife
de biais; fi au contraire elle eft mife en
long, on n'arrondira pas le tapé en defcendant, on le tiendra élevé de côté
pour pouvoir pofer la boucle le long du
tapé, de façon qu'elle foit au niveau du
haut, & defcende tout le long jufques
fur le bord du haut de l'oreille. Pour la
feconde elle doit être faite à-peu-près
de la même longueur; foit en defcendant
fur le cou, foit en montant derriere la

premiere, toujours suivant le goût des personnes, auquel on doit se conformer avec toute la complaisance possible.

ARTICLE XVIII.

La maniere de faire les trois ou quatre boucles dans le goût actuel, & en substituer de fausses au besoin.

JE ne ferai pas un vain étalage sur une énorme quantité de différents accommodages, parce que, comme je l'ai déjà dit, tous se terminent en un. Il ne faut que du goût & de l'intelligence; c'est de là d'où naît toute fertilité en différents genres. Quiconque sait manier les cheveux & tourner une boucle avec aisance, doit la savoir poser dans tous les sens, quand on y joint l'agilité, le goût, avec les vrais principes. Au contraire, que serviroit à une jeune personne de voir cette prodigieuse quantité d'ac commodages différents, fi on ne lui apprend pas les vrais moyens de les mettre en œuvre ? C'eft comme fi on préfentoit devant une très-belle Bibliotheque une perfonne qui ne fût pas lire : elle n'en feroit affurément aucun ufage. Il eft donc néceffaire d'avoir des principes pour développer les idées, tel état qu'on veuille entreprendre, afin de réuffir en très-peu de temps & avec aifance : & celui de la Coëffure eft un de ceux qui met le plus promptement en état un Artifte de faire valoir fon talent.

La mode qui exifte aujourd'hui eft la plus fimple qui ait jamais exifté ; & malgré fa fimplicité, elle eft reçue de toutes les Dames depuis plufieurs années, & prefque fans variation : toutes fe font coëffer à-peu-près de même ; c'eft un tapé, trois, quatre & cinq boucles tout au plus, & toujours dans le même genre, foit en long, foit en travers. Autrefois on voyoit prefqu'autant d'accommodages différents que de différentes perfonnes.

ce qui rendoit les Coëffures plus variées, & qui ne laiſſoit pas que de faire un très-joli coup-d'œil, tant dans le particulier que dans le général ; il falloit alors beaucoup plus d'études aux Artiſtes, en ce qu'il étoit néceſſaire de joindre à la variation toujours l'air du viſage. Mais aujourd'hui toutes les Dames ſont d'accord pour le même genre d'accommodage : il ſeroit à deſirer qu'elles le fuſſent auſſi pour l'air de décence, ce ſeroit leur propre intérêt.

Suppoſons l'accommodage de trois boucles miſes en long, il faudra faire la ſéparation plus haute que pour deux, de même que pour quatre, c'eſt-à-dire, qu'il faut toujours partager les cheveux pour faire le tapé, & laiſſer de côté ce qu'on deſtine pour faire les boucles.

On commencera du côté du chignon, environ à la hauteur de la tempe, plus ou moins, ſuivant la quantité de cheveux ; il faut que la ligne ſoit tirée bien droite en deſcendant ſur le devant du haut de

E iv

l'oreille. Alors on partagera en trois ou quatre parties à-peu-près égales, ce qui eſt mis de côté pour les boucles, on y mettra de la pommade & de la poudre; & ſi l'on veut, pour que ces cheveux n'embarraſſent point, on les peignera & on les roulera en gros, en les poſant en arriere ſur le chignon, que l'on aſſujettira avec des épingles pour donner plus de facilité à faire le tapé, qui doit être travaillé de la même maniere qu'il eſt dit à l'article XIII : il n'y a que la forme à y changer.

Ainſi, après avoir fait le tapé par meches avec toute la légéreté poſſible, le chignon étant auſſi fait, & la toque poſée, comme il eſt dit à l'article XV, on le diſpoſera en l'élargiſſant ; & avec la queue du peigne on étendra bien les cheveux ſur le côté pour le tenir plus élevé; & pour les y contenir, on y mettra une épingle de chaque côté, qu'on entrelacera légérement dans la toque & dans le tapé, comme il a déjà été dit,

pour rendre la Coëffure plus solide, &
la façon de mettre cette épingle en évite
la quantité, qui nuit à leur conservation.

Avant de faire les boucles, il faut
donner la derniere perfection au tapé
dont la forme sera suivant les variations :
supposons la mode actuelle. Le goût d'aujourd'hui est de marquer ce qu'on appelle
physionomie ; on la fera plus ou moins
élevée, plus ou moins en-avant, suivant
le goût des personnes. Pour cet effet on
roulera légérement les pointes des cheveux, comme j'ai dit, autant avec les
doigts qu'avec la queue du peigne, les
faisant tourner avec aisance, toujours du
côté de la toque ; & avec la queue du
peigne on les étendra bien droit vers le
milieu, pour les tenir plus élevés, & on
les assujettira avec une petite épingle de
chaque côté, que l'on fichera légérement
dans le coussin, de maniere qu'elle ne
pique point. Cette épingle placée, on
baisse un peu plus, si l'on veut, les che-

E v

veux fur la toque , & tout-à-fait fur le côté ; on les éleve le plus haut poffible , toutefois fuivant le goût des perfonnes ; & à mefure que l'on arrange les cheveux, on met , de diftance en diftance , une petite épingle que l'on fiche dans le couffin pour les contenir au befoin ; c'eft ordinairement quand les cheveux ne frifent point. Quant à la phyfionomie plus ou moins élevée , de même que plus ou moins en-avant , c'eft le goût qui doit préfider à cette arrangement pour lui donner une forme agréable : c'eft avec la queue du peigne ou une épingle qu'on avance ou qu'on éleve les cheveux légérement , ayant la plus grande attention de les placer bien droits fur leurs racines.

Le tapé étant fait avec toute la propreté que l'on y exige, joint à une légere folidité, on fait les boucles, à commencer par celle d'en-haut ; par conféquent il faut avoir le bras gauche bien élevé , dès en la tapant , pour faire & mettre la boucle

en long, & pour se faciliter sa position
avec aisance. Supposons trois boucles ;
il faut que la premiere soit posée le long
du tapé, à commencer depuis le haut
jusques vers le milieu, & faire en sorte
que le bas du roulé de la boucle soit posé
un peu en-avant sur le tapé, de maniere
qu'elle ait l'air de sortir de dedans ; si
mieux l'on aime y mêler un peu de cheveux du tapé que l'on dérange légérement, pour joindre avec la boucle, ce
qui donne un air bien plus léger. Alors
on met une petite épingle que l'on entrelace en montant, tant dans la boucle que
dans le tapé, & une seconde un peu plus
longue pour la soutenir du haut, que l'on
fichera à travers le roulé jusques dans la
toque, de façon qu'elle ne baisse pas trop
sur la tête, de crainte de piquer, de
maniere aussi que le haut de la boucle se
présente plus ou moins en face, suivant
l'air du visage de la personne ; & avec la
queue du peigne, on retire légérement
quelques cheveux du tapé pour cacher

le trou par en-bas ; c'eſt en regardant la perſonne en face qu'on doit voir d'un coup-d'œil ſi elle fait un bon effet ; & quand on y met très-peu d'épingles, on eſt maître d'en faire ce que l'on veut ; il eſt très-facile de la rendre plus ou moins aillante, ainſi que plus ou moins longue ; il ne faut pour cela que retirer l'épingle qui eſt miſe en travers du roulé, pour l'alonger à ſa volonté ; quand on eſt parvenu à la mettre dans ſa derniere perfection, on remet pour lors l'épingle dans le haut pour la ſoutenir.

La ſeconde boucle doit être poſée ſur le bord du haut de l'oreille, & monter en arriere environ un doigt ou deux ſur la premiere ; il faut faire attention à la poſition de ſes bras en la tapant, & mettre les épingles de la même maniere dont je viens de dire pour celles d'en-haut ; ou bien, quand la boucle eſt bien roulée (j'entends plus ou moins ſerrée, ſuivant le goût des perſonnes), & miſe dans la poſition que l'on deſire, on fiche d'abord à travers le roulé une grande épingle, qu'on enfonce dans la toque, & qu'on ôte à volonté, parce qu'elle n'eſt pas à demeure. On finit enſuite d'arranger la boucle, autant avec les doigts qu'avec la queue du peigne, en faiſant rentrer tous les petits cheveux, de maniere qu'ils ſoient tous bien tournés dans leur ſens, qu'elle ne ſoit point éraillée, & que l'anneau ſoit poſé à plat ſur le bord du haut de l'oreille, toujours plus ou moins en-devant, ſuivant l'air du viſage; alors on entrelace une petite épingle de la racine à la boucle, & de la boucle à la racine des cheveux ; on répete cela trois ou quatre fois, environ à la moitié de la longueur de la boucle : enſuite on retire la grande épingle; & quand la boucle eſt bien à ſa poſition, on la remet à demeure, avec attention qu'elle ſoutienne le haut, de façon qu'elle ſe préſente bien en face; il ne faut pourtant pas qu'elle excede celle du haut, ou du moins très-peu, à moins que ce ne ſoit pour donner à la

Coëffure un air légérement arrondi ; c'eft le goût qui décide, & fait appercevoir l'air du vifage.

La troifieme doit tomber fur le cou, plus ou moins baffe, fuivant la volonté des perfonnes, ainfi que plus ou moins groffe, qu'elle monte environ deux doigts en-arriere fur la feconde, comme la feconde fait fur la premiere ; & pour cette boucle, fouvent une épingle bien entre-lacée fuffit pour la tenir toute la journée ; il eft dit dans l'article XVII la maniere de la mettre, & au befoin une feconde.

Il faut non feulement que ces trois boucles foient bien roulées dans leur fens avec légéreté, que les cheveux ne fe croifent pas, mais il faut encore qu'elles foient à-peu-près d'égale groffeur, de même longueur ; & pour plus grande perfection, qu'elles foient pofées à égale diftance ; qu'elles foient bien liffes, tant dans leur rondeur que dans leur longueur, de façon qu'elles ne creufent nulle part ; qu'elles aient un air léger qui faffe croire

qu'elles ne font point attachées , & fur-
tout qu'elles ne le foient point de l'une
à l'autre ; enfin qu'il n'y ait pas un cheveu qui paffe l'autre ; les quatre boucles
peuvent s'arranger dans le même goût.
C'eft une Coëffure très-jolie, très-décente,
& qui fied à prefque tout le monde : on
peut mettre fur cette Coëffure tel bonnet
que l'on veut.

On fait auffi ces trois boucles de biais ,
c'eft-à-dire, en travers, comme il eft dit
à l'article ci-deffus pour les deux.

Il faut les faire beaucoup plus groffes
& plus courtes, fuivant la hauteur des
côtés de la Coëffure ; il faut qu'elles bordent de même le tapé, à cette différence
que celle ci-deffus eft dans la longueur
du roulé, au lieu que celle-ci eft dans
l'épaiffeur : il faut qu'elles foient placées
en-deffous & à la fuite l'une de l'autre
en defcendant ; de forte que les deux
boucles d'au-deffus de l'oreille faffent
dans leur groffeur toute la hauteur du
tapé que l'on demande.

On doit pour cela les rouler très - lâches, autant avec les doigts qu'avec le peigne ; qu'elles foient bien droites dans leur fens, afin que les cheveux ne fe croifent pas ; qu'elles foient bien liffes & bien unies, un peu plus ferrées par devant : avant de les mettre dans leur pofition, à commencer par la premiere, il faut avoir attention d'y envelopper une petite meche des cheveux du tapé, bien arrangés fur leurs racines, fans pour cela les décrêper : de forte que la boucle ait l'air d'être faite avec ces mêmes pointes de cheveux ; pour lors on entrelace une petite épingle, comme il eft dit ci-deffus, & une feconde plus longue qu'on fait aller dans la toque. La feconde boucle doit être faite de même, & tomber fur le bord de l'oreille ; & la troifieme, on la fait, fi l'on veut en long, comme il a déjà été dit ; il n'y a de dif-férence pour la faire avec aifance, que la pofition de la main. Si l'on en fait quatre, il faut toujours qu'il y en ait

deux au-deſſus de l'oreille ; la troiſieme
doit border toute l'oreille , & la quatrieme doit être faite & poſée plus ou
moins baſſe , ſuivant la volonté des perſonnes : il faut que chacune d'elles ſoit
à-peu-près d'égale groſſeur & longueur,
en ſorte qu'elle ſoit preſque ronde.

Il n'eſt pas toujours poſſible d'en faire
quatre à tout le monde dans ce genre-là,
mais on peut y ſuppléer par de fauſſes
boucles qui, étant bien arrangées, font
le même effet.

Cette maniere de les rouler n'eſt pas
comme l'autre ; c'eſt une tournure bien
plus facile & plus légere qui ſied très-
bien : mais comme tout le monde ne les
porte pas de cette groſſeur, il eſt donc
néceſſaire de ſe perfectionner dans tous
les genres toujours avec un air d'aiſance ,
pour ſe conformer au goût & aux volontés des perſonnes , avec toute la complaiſance poſſible.

Cette mode n'eſt point difficile , & ,
comme je l'ai dit , elle ſied très - bien

quand elle n'eſt point outrée. Néanmoins pour la faire, il faut ſavoir très-bien manier ſon peigne, parce que, comme je viens de le dire, c'eſt une tournure légere qu'il faut aſſurer d'une conſiſtance dont la matiere que l'on y aſſujettit ne paroît pas ſuſceptible, donner à l'abondance une diſpoſition réguliere qui faſſe diſparoître la confuſion, & ſuppléer à la difette par une richeſſe qui trompe l'œil le plus clair-voyant.

Suppoſons qu'une perſonne n'ait pas beaucoup de cheveux, il faut donc y ſuppléer par une richeſſe factice en nature, pour pouvoir ſuivre les modes. Ainſi pour rendre le tapé plus fourni, l'on peut dans l'accommodage de trois boucles (à commencer de celle même en long), en ſubſtituer une fauſſe, qui eſt celle d'en-haut ; pour lors on ne prendra pas la ſéparation du tapé ſi haut, on la fera comme pour deux boucles, ce qui le rendra plus ſolide.

Premiérement, avant de poſer la fauſſe

boucle, on la garnira de pommade & de poudre ; on la peignera, on la tapera comme une naturelle. Etant bien préparée, on la posera de même, comme il est dit pour celle mise en long, c'est-à-dire qu'il faut qu'elle monte au niveau du haut du tapé, & qu'elle descende environ à la moitié. Il faut que ces sortes de boucles soient montées sur des épingles qui ne soient pas trop longues, & que la longueur soit plutôt aux cheveux qu'aux épingles.

Ainsi la fausse boucle étant bien préparée, on doit la placer dans la même position dont il est parlé ci - dessus dans l'accommodage des trois boucles naturelles mises en long, faisant entrer l'épingle par-derriere le tapé dans le coussin, de sorte que le roulé se présente bien en face ; que le bas de la boucle soit posé de maniere qu'elle ait l'air de sortir du tapé ; & si l'on veut, on peut envelopper dans le roulé une petite meche des cheveux du tapé, comme il est dit ci-dessus, ce

qui lui donnera un air bien plus léger
& plus naturel ; on y entrelacera de
même une petite épingle, à commencer
légérement dans le tapé, & fuivre jufques
dans le roulé de la fauffe boucle, comme
il eft dit pour celle naturelle : une feconde
dans le haut, un peu pluslongue, que l'on
conduit dans le couffin pour la foutenir,
& tout au plus une troifieme, parce que
c'eft une fauffe boucle, & qu'elle a moins
de confiftance que des cheveux naturels ;
& pour bien faire ces fortes de boucles,
elles ne doivent pas être trop garnies de
cheveux, ce qui leur donne un air mat
& lourd : au contraire, il faut que la longueur domine plus que la quantité, pour
avoir plus de facilité à leur donner cet
air léger qui imite le naturel ; enfin on
obfervera, tant pour le tapé que pour
les boucles, ce qui eft dit ci-deffus pour
les naturelles.

Les deux côtés finis avec toute l'égalité poffible, & pour achever cette Coëffure, on met encore de chaque côté une

fauſſe boucle par-derriere, que l'on met de même dans la toque : il faut avant, qu'elle ſoit préparée comme il eſt dit ci-deſſus ; qu'elle ſoit plus groſſe & plus lon-gue, pour pouvoir monter au niveau, & quelquefois plus que celle d'en-haut, de celle qui ſe préſente en - devant ; il faut auſſi qu'elle deſcende ſur le chignon, de maniere qu'elle cache le couſſin ; il ne faut pas qu'elle déborde celles qui doi-vent ſe préſenter en-devant, qui ſont les trois premieres : elle peuvent tout au plus être miſes à fleur pour avoir bonne grace; que les deux côtés ſoient faits avec toute la régularité poſſible ; & ſi l'on veut encore, on peut en mettre une troiſieme entre ces deux dernieres, étant miſe d'un ſens contraire, toujours dans la toque, je veux dire la friſure en-bas ; cela donne la forme d'un nœud, un air d'élégance & une conſiſtance qui ſoutient le bonnet.

Si l'on veut encore, on peut en met-tre deux fauſſes de chaque côté de celles qui ſe préſentent en face, en laiſfant fubfifter celle du milieu & fupprimer celle d'en-bas, dont on remet une partie des cheveux dans le chignon, & l'autre ayant foin d'en fournir la boucle, qui eft donc celle du milieu, ayant attention que les cheveux foient bien pris dans leur fens, c'eft-à-dire de ne les point prendre trop bas, parce que cela donne-roit beaucoup plus de difficulté à placer cette boucle du milieu à fa deftination.

Il faut que les deux fauffes boucles qui remplacent celles du bas foient montées fur du ruban ; qu'elles fe tiennent enfem-ble, & ne laiffer entre les deux boucles environ que trois ou quatre doigts de ruban, plus ou moins, fuivant la largeur de la tête : cela fait qu'elles ne font point fujettes à tomber comme celles qui font montées fur des épingles. On les met avant de relever le chignon, en les at-tachant avec deux épingles : on peut, fi l'on veut, coucher avec, en les roulant au compas comme fi elles étoient naturel-les ; elles en font bien plus folides, n'étant pas si sujettes à s'érailler par le mouve-ment du cou ; dans un cas de nécessité, ou volonté des personnes, on peut ajou-ter les trois fausses ; c'est aux Artistes à se perfectionner de les placer de maniere à tromper l'œil le plus clair-voyant, en leur donnant une tournure légere, en y incorporant quelques cheveux du tapé avec les deux d'en - haut ; les plaçant comme celles naturelles, c'est - à - dire qu'elles bordent le tapé ; que l'une ne soit pas plus renfoncée que l'autre ; qu'elles se présentent bien en face, plus ou moins, suivant l'air du visage ; & pour cacher le trou de chaque boucle, on tire légérement avec la queue du peigne quel-ques cheveux du tapé, dont on remplit les vuides : c'est le goût qui doit présider à cette perfection, au point de faire illusion dans tel sens qu'elles puissent être po-sées.

Comme il est des personnes qui ne veu-lent point de fausses boucles, & qu'il est rare d'en pouvoir faire quatre grosses dans les faces avec un tapé de la hauteur dont on le porte aujourd'hui, on est bien forcé quand on n'en fait que trois, de les faire d'une grosseur qui puisse contenir toute la hauteur de la Coëffure. On peut, malgré cela encore, sans fausses boucles, en former une quatrieme, en la faisant avec le bout du chignon, si toutefois les cheveux sont assez longs ; sinon, au dé-faut de leur longueur, on prend une meche de chaque côté dans le haut du chignon, que l'on croise d'un côté à l'autre pour cacher la toque, & en prendre suffisamment pour faire les boucles plus ou moins grosses : alors on la place la premiere dans le haut, de maniere qu'elle borde le tapé en l'assujettissant avec deux épingles, & quelquefois trois, par la raison que très-souvent on ne les frise point, ce qui rend les cheveux plus roi-des, qu'il faut contraindre de maniere ou d'autre, soit par la frisure ou par les épingles.

Ensuite on arrange les trois autres de façon

façon qu'elles ne soient pas plus longues l'une que l'autre, & à - peu - près de la même grosseur ; on en fait encore par-derriere, qu'on prend de même sur le chignon, soit dans la longueur, soit dans l'épaisseur. Mais comme cette façon mêle beaucoup les cheveux du chignon, ce qui occasionne à les casser quand on ne les peigne pas avec précaution, & comme cette précaution demande un temps, on s'est mis, pour l'abréger, dans l'usage d'en substituer de fausses, qui, quand elles sont bien arrangées, font le même effet, & très-souvent beaucoup mieux, parce que tout le monde n'est pas doué d'avoir beaucoup de cheveux, puisque c'est un don que la nature favorise plus ou moins : c'est donc aux Artistes à s'étudier pour celles qui en ont peu, & d'y suppléer par une richesse vraie ou accessoire.

Les cinq boucles avec un tapé s'arrangent dans le même ordre ; on les fait, si l'on veut, un peu plus petites, sinon il faut que la Coëffure foit plus haute & defcende plus bas fur le cou.

On peut de même en faire cinq en long; mais pour avoir bonne grace, il faut en fupprimer le tapé, finon on feroit obligé de les faire plus petites, ce qui feroit un mauvais effet pour le goût actuel, c'eft-à-dire, qu'il faut laiffer la phyfionomie, & depuis la phyfionomie jufqu'aux trois boucles mifes en long, dont il eft parlé au commencement de cet article : le tapé qui eft entre, on en fait avec les pointes deux groffes boucles courtes, de ma-niere qu'elles remplacent la largeur du tapé ; il faut que la premiere des deux foit plus courte que la feconde ; il faut qu'elles foient pofées fur le haut du tapé, qui fe trouve diminué de la moitié de la hauteur, dont les deux boucles doivent remplacer le refte, tant par la hauteur que par la largeur; mais ce n'eft pas l'accom-modage du jour, il y a très-peu de per-fonnes qui en font ufage.

Ainfi je terminerai ici les différents

genres d'accommodages, pour éviter des répétitions : je pourrois perſuader par des raiſonnements ; mais je crains d'être ennuyeux ; & quiconque veut ſe perfectionner dans tous ces divers accommodages, il ne faut avoir que du goût & beaucoup d'intelligence : avec cela il n'y a perſonne qui, en joignant à un peu d'attention la plus légere pratique, ne ſoit promptement en état de ſe coëffer ou coëffer une tête étrangere avec facilité. Le goût, l'expérience, la réflexion perfectionneront ce que je ne puis qu'ébaucher.

ARTICLE XIX.

Comme il faut donner la derniere perfection à la Coëffure ; la façon de poudrer, & la position du bonnet.

COMME je viens de le dire, c'est le goût, l'expérience, la réflexion qui perfectionnent & font appercevoir tous les défauts qu'il peut y avoir dans une Coëffure. Après avoir fait le tapé & les boucles avec toute la légéreté possible, il faut pour la propreté visiter de nouveau toute la Coëffure, & voir d'un coup-d'œil si elle est faite avec toute la régularité ou non. Si l'on y apperçoit quelques défauts, aussi-tôt avec la queue du peigne on éleve, on baisse, on avance ou on dégage, suivant l'air du visage ; on doit avoir la plus grande attention aux racines, sur-tout pour celles qui ne sont pas bien fournies : c'est en y mettant légérement de le pommade & de la poudre de diverſes couleurs , & peignant enſuite les petits cheveux follets qui ſe trouvent preſque toujours ſur le front : cela les foiſonne & leur donne un air d'abondance ; & pour celles qui le ſont trop , il faut les dégager & les diſpoſer de maniere à faire diſparoître la confuſion. Il eſt parlé dans l'article XVI de la façon de les arranger : c'eſt le point le plus eſſentiel de l'Art.

Enſuite il faut prendre de la poudre légérement avec la houppe de cygne , ayant l'attention de toujours ſecouer le plus gros dans la boîte , & en prendre très - peu à la fois , promenant avec légéreté la houppe de tous côtés à pluſieurs fois ; & avec attention , on parvient à poudrer également. Si l'on met de la poudre de couleur , on aura la précaution de mettre avant ſur les racines un peu de poudre blanche , pour que l'autre ne marque pas tant ſur le front.

Quand le tout eſt fini dans ſa derniere

perfection autant qu'il est possible, il
faut au moins mettre un bonnet; & pour
avoir plus d'aisance à le mettre, ainsi que
pour les personnes qui le mettent elles-
mêmes, il est à propos & même nécessaire
de demander à le voir, pour le présenter
sur la Coëffure avant de la finir, afin de
pouvoir se régler sur la largeur, pour
n'être pas dans le cas de trop toucher
aux cheveux en le mettant, ce qui occasionneroit très-souvent un dérangement
qui déplairoit à l'un & à l'autre; & pour
l'éviter, il faut avoir cette précaution,
pour n'avoir plus qu'à le poser avec facilité; & avec trois, quatre & cinq épingles
au plus, cela est fait dans l'instant. C'est
en se penchant un peu en-devant de la
personne, pour voir s'il est droit; alors
on pose une épingle dans le milieu, que
l'on fait entrer dans la toque, de maniere
qu'elle ne pique point la tête : une autre
de chaque côté à l'endroit où creuse un
peu le tapé, pour y baisser le papillon
qui doit suivre la forme du tapé, & deux

autres par-derriere ; il faut qu'elles foient
longues, plus ou moins que la Coëffure
eft haute, les mettre en-deffous du bonnet : d'abord en les piquant dans le
bonnet, & les enfonçant enfuite dans la
toque, de façon qu'elles le foutiennent &
le faffent relever du derriere ; enfin qu'il
foit attaché avec une légere folidité, de
maniere qu'il ne varie pas aux mouvements de la tête : ce qui feroit très-défagréable.

On vifite encore toute la furface du
tapé, & s'il eft quelques dérangements,
auffi-tôt avec la queue du peigne on les
répare en retirant ou renfonçant les cheveux, de forte que cela foit au goût des
perfonnes : voilà donc une Coëffure finie,
à moins qu'on ne voulùt mettre des fleurs,
des rubans, des perles, des diamants,
enfin des plumes de tous les fens ; c'eft
le goût qui doit préfider à tout cet arrangement, & les Dames elles-mêmes ont
la bonté très-fouvent de les arranger ;
mais fi toutefois elles ne réuffiffent pas

toujours, c'eſt aux Artiſtes à les aider avec toute la complaiſance qui leur eſt due, juſqu'au moment où ces Dames les trouveront placées à leur goût & volonté, à moins qu'elles ne laiſſent un libre arbitre, & qu'elles s'en rapportent totalement au Coëffeur. C'eſt là pour lors qu'on doit travailler d'imagination ; je ne peux ici que donner des idées à quiconque aura du goût, car le goût ne peut ſe démontrer, ce n'eſt qu'à force de travail & d'expérience qu'on en acquiert. Je le répete, les Dames elles-mêmes ont la bonté très-ſouvent de former & de perfectionner les Artiſtes.

ARTICLE XX.

La manière dont il faut s'y prendre pour faire les raccommodages ; le foin qu'on doit avoir à bien peigner les cheveux dans leur fens, qui fait plus ou moins de bien, & met la tête des perfonnes à l'aife.

PARVENU à avoir un certain nombre de perfonnes à coëffer, s'il en eft quelques-uns à qui cela arrive tous les jours, il faut, fi on n'a pas ôté toutes les épingles la veille, les ôter toutes, rafraîchir toutes les fois le chignon, en le peignant bien jufques dans les racines avec le grand peigne, tantôt d'un côté, tantôt d'un autre : pénétrer légérement fur la peau jufqu'au-bas du cou, autant pour bien placer les cheveux dans leur fens, que pour faire du bien à la tête ; cela fe doit fentir au tact, & enfuite les peigner

F v

jufqu'à la pointe , comme il eſt dit à l'article Iᵉʳ. On y met légérement de la pommade & de la poudre , & on peigne de façon à ne la point faire tomber , comme il eſt dit à l'article XI , & on le releve de même qu'il eſt dit à l'article XIV , à moins que le peigne ne ſoit mis en-dedans , comme il eſt dit par la ſuite.

Alors avec les groſſes dents du peigne à deux fins , on ôte légérement de deſſus le tapé la poudre de la veille , on repeigne en gros toutes les boucles , on y met de même un peu de poudre & de pommade , ainſi qu'au tapé , dont avec la queue du peigne ou une épingle on remonte bien dans leur ſens toutes les pointes des cheveux en en-haut ; on peut même prendre le tapé à pleine main , de diſtance en diſtance , dans tout ſon entier , ſans pour cela former des ſéparations , le tenir bien droit & ferme de la main gauche , qui fait qu'elle ne ſautille point ; alors on le tape avec légéreté , de maniere à ne le point trop coucher en-arriere :

d'ailleurs c'eſt ſuivant l'air du viſage &
la volonté des perſonnes ; ſur toute choſe
avoir la plus grande attention à bien
placer les racines , de maniere à faire
paroître ou diſparoître la confuſion : c'eſt
ce qui fait valoir toute la Coëffure , car
tout le reſte ſeroit médiocrement arrangé , que cela pourroit paſſer ſans que
cela meſſeye ; mais pour les racines , il
n'en eſt pas de même : il eſt des défauts
dans la nature auxquels il faut , pour les
réparer , des combinaiſons ; & tout ce qui
approche de la figure , exige la plus
grande régularité , comme il eſt dit à
l'article XIII ; alors le tapé étant bien
fait avec un air de légéreté , après en
avoir mis la toque , comme il eſt dit à
l'article XV , on lui donne telle forme
que l'on veut , plus ou moins ſolide ,
comme il eſt dit à l'article XVI. Enſuite
on fait les boucles avec toute l'élégance
& la propreté poſſibles , de tel ſens que
l'on veut , comme il eſt encore dit aux
articles XVII & XVIII ; & ce qui

F vj

démontre que l'on a du goût, c'eſt de varier de temps en temps la Coëffure, en lui donnant une autre forme : une boucle de plus ou de moins, & diffé-remment tournée, fait très-ſouvent une petite variation qui ne déplaît pas, toute-fois, en ſuivant la mode ; & tous les huit jours au moins, il faut bien peigner tous les cheveux à fond, de maniere à ne point laiſſer de vieille poudre, les démêler de façon à ne faire aucune douleur. C'eſt en commençant toujours par la pointe que l'on réuſſit à ne point faire de mal : quoique très - friſés , l'on ne doit pas craindre de les défriſer ; au contraire, les cheveux bien peignés , pommadés, poudrés , retapés par meches comme à la Coëffure entiere, l'on peut être aſſuré qu'ils refriſeront d'une maniere à faciliter l'accommodage, qui ſied beaucoup mieux que le jour des papillotes. Cela a l'avan-tage d'approprier la tête , de donner à la Coëffure un air léger qui ménage beau-coup les cheveux, & qui étant bien mis

dans leur fens, met tellement la tête des
perfonnes à l'aife, qu'il ne contribue pas
peu à éviter des maux de tête.

Si ce font des perfonnes qu'on n'accom-
mode que tous les huit ou quinze jours,
il faut, de toute néceflité, les peigner
à fond toutes les fois, fans quoi on dé-
truiroit les cheveux, & occafionneroit
un mal-aife en ne faifant que de mauvais
accommodages; & d'ailleurs cela donne
beaucoup plus de facilité aux perfonnes
qui fe coëffent elles-mêmes, ainfi qu'aux
Femmes-de-Chambres qui font dans le
cas de raccommoder leurs Maîtreffes.

ARTICLE XXI.

Différentes manieres de relever le chignon avec le peigne, mis en-dedans même avec des cheveux très-courts.

IL faut d'abord, pour que le chignon ait bonne grace, que le peigne soit garni d'un coussin, plus ou moins haut, de maniere qu'il ne tourne point ; il faut que ce peigne soit moins large, & les dents moins longues que celui pour mettre en-dessus, par la raison qu'il y a bien moins d'épaisseur en le mettant en - dedans ; si elles étoient trop longues, cela occasionneroit beaucoup de peine à le mettre, & feroit beaucoup de mal à la personne.

Le chignon étant bien garni, comme il est dit à l'article XI, après avoir prié la personne de vouloir bien passer le cordon, on le releve ainsi qu'il est dit à l'article XIV. Parvenu en - haut, au moment de le remployer , il faut tenir les cheveux bien en l'air de la main gauche ; s'ils font trop longs , il faut tou- jours les pofer fur le côté gauche , pour qu'ils ne foient pas dans le cas de tom- ber fur le nez ; & de la main droite prendre le peigne , le préfenter en- devant , le dos en en-haut , faire entrer les dents dans les cheveux , de maniere qu'elles fortent en-dehors plus ou moins haut, fuivant la hauteur du couffin ; alors on retourne le peigne , ayant la précau- tion , avant de le pofer , d'obferver s'il n'eft pas trop haut ou trop bas , ce qui rendroit le chignon ou trop lâche , ou trop ferré, & gêneroit beaucoup à placer la toque. Ayant donc trouvé la pofition convenable, on prie la perfonne d'avoir la complaifance de baiffer la tête un peu en - arriere : ce qui facilite à pofer le peigne, & à rendre le chignon plus fo- lide , pour celle qui n'aimeroit pas qu'il lui tombe fur le çou.

Le peigne étant poſé de façon à ne point faire de mal, le chignon ſe trouve preſque fait; & pour y donner une derniere perfection, on peigne légérement les deux côtés dont on étale les cheveux ſur le couſſin : cela donne un air d'opulence avec très-peu de cheveux, fait le chignon beaucoup plus alongé, & lui donne tout-à-fait meilleure grace : on aſſujettit le haut des cheveux avec deux ou trois épingles, ou bien on paſſe un cordon avant de retourner le peigne, de maniere qu'il ſe trouve en-deſſous des cheveux, & qu'étant poſé, il remonte par-deſſus le peigne, en ſorte qu'en ayant un bout de chaque côté, on puiſſe le nouer à volonté, après avoir donné la derniere perfection au chignon, le tout pour éviter des épingles.

Comme je viens de le dire, cela donne un air d'opulence même avec des cheveux très-courts. Pour ceux-ci, comme il n'eſt pas poſſible de retourner le peigne ainſi qu'il eſt dit ci-deſſus, il faut s'y

prendre autrement, & ne jamais paroître
embarraſſé : c'eſt après avoir bien garni
les cheveux ; & s'ils ſont encore aſſez
longs pour pouvoir paſſer le cordon qui
ſert à le relever, on prie la perſonne de
le paſſer ; & avant de le relever , on
poſe le peigne garni du couſſin à l'endroit
ordinaire, je veux dire de maniere qu'on
puiſſe poſer la toque avec aiſance ; alors
on releve les cheveux par-deſſus le couſſin, qu'on aſſujettit avec quelques épingles ; & ſi l'on veut, pour plus grande
ſûreté, on ſe ſert d'un petit ruban qu'on
poſe par-deſſus les cheveux , & qu'on
attache avec trois ou quatre épingles ;
quand cela eſt bien fait, ou jureroit que
les cheveux ſont longs , de maniere à
faire croire que le peigne eſt vraiment
retourné.

Encore autrement, s'il arrive que des
perſonnes aient les cheveux très-courts,
au point de n'en pouvoir faire un chignon , & qui néanmoins paroîtroient
deſirer en avoir la forme d'un , il ne faut

point héfiter en s'y prenant de la maniere fuivante :

Lorfque les cheveux font bien garnis de pommade & .de poudre, autant que leur longueur le permettra, car plus ils font courts, moins il faut en mettre, & fur-tout pour cette maniere de faire le chignon ; ainfi étant bien préparés, on pofe d'abord le peigne à l'endroit ordinaire, & de la totalité du chignon on en forme deux ou trois parties féparées en travers ; la premiere meche on la tape légérement, & on la pofe fur le couffin du peigne ; étant bien étalée, on l'affujettit avec deux ou trois épingles ; la feconde, on la tape de même en remontant fur la premiere, on la pofe auffi deffus ; & pour qu'elles foient bien liées enfemble, on la tape légérement par-deffus avec la premiere, de même pour la troifieme ; on y entrelace quelques petites épingles par-ci par-là, & avec la queue du peigne ou une épingle on lui donne une forme agréable, en le faifant

plus ou moins bomber : en un mot étant
bien arrangé & bien liffé , il doit faire
illufion d'avec les cheveux longs ; il ne
faut pour cela qu'un peu d'intelligence.

ARTICLE XXII.

*La maniere dont il faut s'y prendre pour
faire des chignons bouclés fans frifure,
quoiqu'avec des cheveux longs.*

IL eft des Fêtes à la Cour où l'éti-
quette n'admet pas toujours toutes les
Coëffures ; il en eft qui font plus de parure les unes que les autres , & celle des
chignons bouclés eft reçue pour les Fêtes
de grandes cérémonies. Quand il arrive
que des Dames font obligées de fe faire
coëffer fuivant l'ufage , cela les contra-
rieroit beaucoup s'il falloit qu'elles fuf-
fent obligées de faire couper leurs cheveux , & fe faire frifer toute la tête , ce
qui prend un temps très - confidérable ,
& leur devient fort ennuyeux.

Pour éviter tout cela, on peut les arranger fans frifure, quoique très-longs. Pour ceux qui font très-longs, il faut, de toute néceflité, les attacher avec de petits cordons de peau ; & pour cela, il faut, avant de pofer le couffin qui foutient le tapé, féparer les cheveux du chignon en travers, en quatre parties égales : chaque partie l'attacher près de la tête, en rapprochant bien les cheveux dans le milieu, de maniere à ne les point trop tirer, ni faire aucun mal ; ayant fur-tout attention de les mettre bien droits fur leurs racines, pour n'avoir pas tant de difficulté à les porter en-haut, & pour éviter la confufion dans le bas ; les quatre meches étant attachées, on pofe la toque qui doit foutenir le tapé, on l'affujettit après la premiere meche fans compter les épingles qui doivent être entrelacées dans le tapé, comme il eft dit à l'article XV, de façon qu'elle ne varie pas, & pourtant de maniere qu'elle ne gêne point : on doit fentir au tact, en

ofant les épingles, si elles font mal ou
on. Après que les cheveux de devant
ont tout à fait arrangés, pour lors on
it le chignon bouclé, à commencer
ar le haut. Cette premiere partie on la
artage en trois, & chacune des trois on
tape légérement pour en faire des
oucles : on doit en poser une de chaque
ôté de la toque, derriere les boucles
es faces, de maniere qu'elle fasse à-peu-
ès le même effet que les deux boucles
ue l'on met derriere l'accommodage,
ont il est parlé à l'article XVIII ; les
en affujettir avec des épingles, en cher-
ant les moyens de bien les entrelacer,
our n'être pas dans le cas de tomber ;
our lors celle du milieu doit être très-
roffe, & monter plus ou moins haut,
uivant la Coëffure ; il faut la taper en
ontant, de maniere qu'on puisse la poser
ifément fur le haut du milieu de la toque,
 l'affujettir avec plusieurs épingles,
our n'être pas dans le cas de se dé-
ouler.

La feconde meche fe fépare de même, ainfi que les autres ; il faut les rouler de même, mais un peu plus ferrées, & un peu moins longues, que toujours il y en ait deux qui foient pofées en long derriere les boucles des faces, les atta- cher fur les racines en entrelaçant de épingles qui ne foient pas trop longues ; celle du milieu, il faut qu'elle foit tou à fait ronde, de maniere qu'elle tourn de chaque côté, l'attachant auffi fur f racine avec une petite épingle qu'on en trelace légérement, & au befoin une plu longue, qu'on fait aller dans le couffin.

De même pour la troifieme rangée qu'il faut encore rouler un peu pl ferme, parce qu'à mefure que l'on de cend, l'emplacement des trois boucl fe rétrécit ; que fi on les faifoit auff groffes qu'en haut, elles feroient in manquablement confufion dans le ba à ne pouvoir pas les placer ; il eft do de toute néceffité de ferrer davanta les boucles à mefure que l'on defcen

Ainsi les trois dernieres boucles doivent être plus courtes, parce qu'à l'endroit du cou, cela est toujours plus étroit ; mais, malgré cela, il faut avoir attention qu'elles ne s'éloignent pas trop des boucles du devant, sans quoi cela auroit tout à fait mauvaise grace ; & quand elles sont toutes faites, on les revisite toutes avec la queue du peigne, tant pour les faire bomber, arrondir ou alonger, suivant leur position ; enfin c'est le goût qui doit perfectionner cet ouvrage, & lui donner un air de chignon frisé, au point de faire croire qu'on a coupé les cheveux, & le lendemain on peut faire un chignon relevé ou tressé ; c'est assurément un agrément dont on ne jouiroit pas, si les cheveux eussent été coupés.

On peut le faire de même avec des cheveux plus courts, sans être attachés avec de petits cordons, comme il est dit ci-dessus ; mais pour les longs, il est de toute nécessité qu'ils le soient, parce que les cheveux étant bien ramaffés fur le milieu de la tête, & noués avec légéreté, cela facilite beaucoup à affujettir ces cheveux longs qui, étant roulés nombre de fois, ont une confiftance plus ou moins roide, qu'il faut contenir par des épingles bien entrelacées fur les racines qui fe trouvent légérement tendues par le cordon, de façon qu'elles ne fe défaffent point dans la journée : autrement la longueur feroit un poids qui occafionneroit un ballottement qui gêneroit beaucoup la perfonne, fans être affurée d'être coëffée pour toute la journée ; fi elles n'étoient qu'attachées tout fimplement fur leurs racines, comme on peut faire avec des cheveux courts, avec ces derniers on a beaucoup plus de facilité à les arranger, en leur donnant la même tournure, & à les affujettir avec une légere folidité, ou bien de ces quatre parties, on en fait tout uniment quatre groffes boucles ; il ne faut encore pour cela qu'un peu d'intelligence.

ARTICLE

ARTICLE XXIII.

La façon dont il faut s'y prendre pour faire différentes treſſes, & toujours ſe ſervir du peigne garni autant que l'on pourra, parce que cela a beaucoup meilleure grace.

LES cheveux doivent toujours être garnis de poudre & pommade, comme il eſt dit à l'article du chignon, plus ou moins, ſuivant leur longueur.

Pour faire une treſſe flottante, comme on les fait aujourd'hui, il n'eſt pas beſoin de paſſer de cordon.

Il faut ſéparer les cheveux en trois parties bien égales, les peigner légérement juſqu'en-bas, de façon qu'il n'y en ait point qui ſe communiquent de l'une à l'autre; ces trois meches étant peignées proprement, on y met légérement de la pommade pour contenir les petits

G

cheveux ; (je crois qu'il eſt très-peu de perſonnes qui ne ſachent natter ce qu'on appelle un échevau de fil) ; c'eſt à-peu-près de même : je vais néanmoins en donner une idée pour ceux qui n'en ont aucune.

D'abord les trois meches bien ſéparées, l'on prend celle de côté, ſoit de droite ou de gauche ; & cette meche de côté, on la peigne en étendant bien les cheveux par-deſſus celle du milieu ; en tirant légérement cette derniere meche ſur le côté, alors on prend celle de l'autre côté, que l'on peigne de même légérement tendue & croiſée par-deſſus, la premiere ; enſuite celle du milieu, qui eſt celle qui eſt en-deſſous, dont on a mis ſur le côté ; il faut auſſi lui donner un léger coup de peigne pour la bien mettre dans ſon ſens, & la faire paſſer par-deſſus la ſeconde ; alors la premiere doit revenir paſſer par-deſſus la troiſieme, la ſeconde par-deſſus la premiere, & la troiſieme par-deſſus la ſeconde, ainſi ſucceſſive-

ment & ſans interruption juſqu'au bout
des cheveux , en obſervant de ſerrer
légérement les deux premiers tours qui
ſont contre la tête ; ce qui rendra la treſſe
ſolide , de maniere qu'elle ne ſe défera
pas dans la journée , & en outre cela lui
facilitera l'air flottant qu'on veut avoir
aujourd'hui ; & ſi on veut qu'elle ſoit
très - lâche , il faut néanmoins que les
deux premiers tours ſoient toujours ſer-
rés , car c'eſt là d'où dépend toute la ſolidité d'une treſſe : après on la ſerre moins
en diminuant les entrelacements. Etant
finie juſqu'en-bas , on la releve avec le
peigne garni , en le retournant comme
on a fait au chignon, avec la même attention de le poſer au degré qu'il faut pour
qu'il ne gêne point à poſer la toque.
Quant au bout des cheveux qui ſe trouvent trop longs, autant que l'on pourra ,
il faut tortiller le bout de la treſſe autour
du couſſin du peigne , pour éviter qu'il
revienne en-bas ; ce qui gêneroit de la
rendre flottante , étant obligé , pour en

affujettir le bout, d'y mettre quelques épingles, fans quoi il fortiroit en-dehors, & feroit un mauvais effet : néanmoins pour celles qui ne l'aimeroient pas flottante, on fait defcendre le bout jufqu'en-bas, en y mettant, pour le contenir, des épingles de diftance en diftance.

Si les cheveux font trop longs, & que cela gêne trop à les tortiller autour du peigne, il vaut mieux chercher à les faire repaffer en-haut, moitié de chaque côté, entre les dents du peigne, afin de les faire valoir de maniere ou d'autre, foit treffés ou bouclés ; c'eft le goût qui doit préfider à renouveller chaque jour les idées.

On en fait quelquefois deux de cette maniere, par conféquent elles doivent être plus petites ; on les fait de même un peu plus ferrées contre la tête, on les arrange fur le peigne garni, de façon qu'elles ne s'écartent pas trop l'une de l'autre ; & pour les y contraindre, on y met une petite épingle que l'on entrelace de l'une à l'autre, de maniere que cela n'ait point l'air d'être attaché.

On les fait aussi cordelées, c'est-à-dire en deux parties; c'est d'abord en tortillant légérement chaque partie, ensuite on les tourne autour l'une de l'autre, & à mesure qu'on les tourne, il faut toujours tortiller chaque meche avant de les passer l'une dessus l'autre. Parvenu au-bas, on attache avec un petit ruban les deux bouts, de crainte qu'ils ne se déroulent; quelquefois aussi on en fait deux, on les arrange sur le peigne de même que celle en trois.

Autrefois on en faisoit en quatre, en cinq, en six & quelquefois plus; c'est ce qu'on appelloit *parquet :* ils ne sont plus en usage; s'ils reviennent, il ne faut pour cela qu'un peu d'imagination.

ARTICLE XXIV.

La maniere dont il faut s'y prendre pour donner l'air d'une treſſe, même très-large, avec des cheveux courts.

CE que je viens de dire ſur les différentes treſſes, c'eſt toujours avec des cheveux longs dont, avec du goût, on fait ce que l'on veut. Voici préſentement comme il faut s'y prendre avec des cheveux courts ; avec ces derniers on ne peut faire que ce que l'on peut, en leur donnant, par la maniere de les arranger, une tournure de cheveux longs, qui leur donne un air d'abondance, de façon à s'y tromper.

Il faut s'y prendre de la même façon que pour les chignons bouclés, & ne faire cette forme de treſſe qu'après l'accommodage fini, c'eſt-à-dire, qu'avant de poſer la toque qui ſoutient le tapé,

il faut mettre le peigne garni toujours
de façon qu'elle puisse bien prendre sa
place; ce qui ne pourroit pas se faire avec
facilité, si on mettoit le peigne après la
Cœffure faite : cela gêneroit beaucoup,
& seroit bien moins solide, étant obligé
par cette raison de les assujettir l'une
avec l'autre.

Ainsi quand l'accommodage est tout-
à-fait fini, on sépare la totalité du chignon en deux, bien au milieu, depuis
le peigne jusqu'au-bas du cou, qui fait
la longueur de la tête; de ces deux côtés
on en fait quatre meches de chaque côté,
séparées en travers, & légérement garnies
de pommade & de poudre ; alors on
commence par une meche d'en-haut,
on la tape légérement en la tirant sur le
côté opposé : bien alongée & bien lissée
par-dessus, on en roule les pointes comme
on feroit pour une boucle, la présenter
un peu en long du côté des faces, de
sorte que les pointes remontent sur le
coussin ; alors on l'attache dessus avec

une petite épingle, de façon que cela soit solide.

Ensuite on prend la meche de l'autre côté, on la tape de même légérement, en l'alongeant sur le côté oppofé, ce qui fait que ces deux meches fe croifent ; & étant roulée avec légéreté, on l'attache fur le couffin de même que la premiere.

Alors on fait la troifieme, qui eft celle de deffous la premiere, attendu qu'il faut toujours prendre celle du côté oppofé à celle qu'on vient de faire, fans quoi on ne s'y retrouveroit plus pour lui donner l'air d'une treffe : on la peigne, on la roule de même que les deux ci-deffus : on la pofe un peu en-deffous de celle qui eft au-deffus, parce qu'il faut toujours que celle d'en-haut domine fur celle d'en-bas ; la pofer en long, & le plus près poffible derriere les faces, en la tournant de maniere que les cheveux fe roulent en remontant en-dedans, & l'af-fujettir en l'attachant fur les racines de celle qu'on doit faire après, ayant la

précaution, avant d'y entrelacer l'épingle, de bien peigner & bien étendre les
cheveux de cette quatrieme meche fur
le côté où elle doit être faite : on y met
au befoin une feconde épingle un peu
plus longue, que l'on fait aller dans le
couffin.

Enfuite on fait la quatrieme, qui eft
la feconde du côté oppofé de celle qu'on
vient de faire : on la fait & on la croife
de même que les deux ci-deffus ; & avec
la queue du peigne, il faut arranger les
cheveux de chaque meche bien proprement dans leur fens, de façon que toutes
ces meches foient bien diftinctes l'une
d'avec l'autre, & petit à petit faire bomber le milieu pour lui donner un léger
arrondiffement ; ainfi des autres meches,
que toujours elles foient mifes en-deffous
les unes des autres à mefure que l'on
defcend, & un peu plus refferrées, attendu que la forme de la tête rétrecit
toujours par le bas ; avoir la plus grande
attention à bien entrelacer les épingles

G v

ſur les racines de celle du côté oppoſé, de façon qu'elles ne ſe défaſſent pas dans la journée , & n'occaſionnent aucune douleur ; il ſeroit très - déſagréable, à l'inſtant qu'on y penſeroit le moins, de ſe ſentir tomber une meche ſur le dos, ce qui arriveroit ſouvent au moment où on ſeroit le plus embarraſſé.

Pour les deux dernieres , qui font celles d'en-bas, ſi on veut qu'elles aient un air aiſé, c'eſt d'y mettre dans les racines un peu plus de pommade & de poudre qu'aux autres, pour leur donner plus de conſiſtance ; les taper de même un peu plus fermes dans les racines, & les croiſer avec cette légéreté qui leur donnera l'air plus ou moins flottantes, ſuivant le goût des perſonnes ; de ſorte que depuis le haut juſqu'en-bas, il faut que toutes ces meches ſoient tendues & croiſées bien nettement, rentrant en-deſſous les unes des autres, & légérement bombées du milieu, pour faire illuſion à la plus belle des treſſes faites avec des cheveux longs : ce qui ne laiffe pas que d'avoir fon agrément pour celles qui n'en ont pas beaucoup, tant par la longueur que par l'épaiffeur, de pouvoir être comme tout le monde, quand il prend fantaifie de vouloir fuivre le torrent des modes.

Je le répete encore, & ne ceffe de le dire, c'eft le goût qui donne de l'imagination ; & avec de l'intelligence, on opere avec facilité, de même qu'au chignon bouclé avec des cheveux longs ; à la différence que pour ceux-ci, il faut favoir les réduire, qui eft le contraire des autres, qu'il faut faire valoir pour des longs, & les autres pour des courts.

C'eft donc ce qui me fait dire, comme à l'article de l'accommodage, qu'il faut faire difparoître la confufion, & fuppléer à la difette par une richeffe qui trompe l'œil le plus clairvoyant ; c'eft avec légéreté qu'on affure à toutes ces formes différentes une confiftance dont la matiere, en effet, ne paroît pas trop fufceptible ; & c'eft en tout point, dans toutes les

G vj

circonſtances, le vrai talent où l'Artiſte doit apporter le plus d'attention à ſe perfectionner.

ARTICLE XXV.

La maniere dont il faut s'y prendre pour pouvoir entretenir ſes cheveux proprement, & ſe coëffer ſoi-même avec facilité.

JE n'entreprendrai pas de démontrer comment il faut s'y prendre pour ſe faire à ſoi-même une Coëffure entiere, parce qu'il eſt preſqu'impoſſible que cela puiſſe ſe faire ſans une fatigue extrême qui pourroit être nuiſible aux jeunes perſonnes dans leurs conformations; d'ailleurs un temps très-conſidérable de perdu, qu'on peut employer plus utilement ; au lieu que quand il n'y a plus qu'à entretenir les cheveux, alors avec un peu de goût & une légere pratique, on en vient à bout,

D'après des réflexions faites sur ces Principes, cela est bientôt fait, & souvènt plus à l'air de son visage ; fait aussi qu'on n'est point dépendant de personne, qu'on peut se coëffer à l'heure que l'on veut, & par ce moyen on évite les inquiétudes.

Comme il est bien plus facile de la faire sur une tête étrangere que sur soi, il faut donc laisser cette grande opération aux Artistes qui s'en font une ressource, & savent, par expérience & un exercice continuel, les vrais moyens de ménager les cheveux, tant dans la façon de les peigner, ce qui n'est pas possible de faire soi-même quand on a de très-grands cheveux & en quantité, dans la maniere de les couper pour les faire profiter, dans celle de les friser pour les faire plus ou moins valoir, que pour éviter les dangers qui pourroient arriver en les pinçant avec le fer chaud ; ainsi que de débrouiller les papillotes & étendre tous les cheveux, pour enfin s'en faire un accommodage qui ne feroit qu'à force d'étendre les bras, & que, par la fatigue, on finiroit par ne pouvoir pas réuſſir. En vérité, quand on réfléchit, qu'on examine bien tous ces temps, & la peine que cela donne, on ne doit pas plaindre le ſalaire d'un Artiſte, pour une opération auſſi néceſſaire qu'utile dans tous les temps, pour le bien des cheveux, la propreté, la tranquillité de la tête, & même j'oſe dire la ſanté des perſonnes.

Ainſi s'étant donc fait arranger les cheveux par un Artiſte habile, qui aura mis la tête en état de pouvoir ſe les entretenir avec facilité pendant un temps, il ne faut pour cela que du goût, de la bonne volonté, & un peu d'exercice réitéré tous les jours avec aſſiduité pendant un mois ; je ſuis ſûr qu'on parviendra à ſe coëffer ſoi-même avec aiſance, beaucoup plus à l'air de ſon viſage, & avec bien moins de temps, qu'une perſonne étrangere ne pourroit faire.

'Ainfi, à commencer par le chignon, pourvu qu'il foit fait avec propreté, n'importe la folidité, puifqu'il doit être fait tous les jours; par exemple, le peigne garni donne beaucoup plus de grace au chignon, & ne laiffe pas que de faciliter à le faire foi-même, quand on a les cheveux affez longs pour pouvoir le retourner en-dedans, ce qui donne un air d'abondance avec très-peu de cheveux; par conféquent cette forme de peigne eft à préférer à l'autre.

Alors ayant garni les cheveux légérement d'un peu de poudre & pommade, & les ayant bien peignés dans leur fens, on paffe le cordon plus ou moins bas, (quoiqu'avec le peigne mis en-dedans, le chignon defcend toujours affez, il ne faudroit pas le mettre fi bas); étant paffé, on le noue, foit fous le menton, foit deffus; mais je préfere le premier, parce que l'autre peut quelquefois occafionner de faire mal aux dents, & une raie fur les joues, qui, fouvent, refte long-temps ; fur cela on doit chercher ce qui eft le plus commode fans fe faire aucun mal ; pour lors, avec le grand peigne à démêler, on remonte les cheveux en les peignant légérement fur les deux côtés jufqu'en-haut ; enfuite on tient d'une main les pointes des cheveux en l'air, & de l'autre on préfente & l'on fait entrer les dents du peigne dans les cheveux, de maniere que le bombé foit en-haut, afin qu'étant retourné, il puiffe fe mettre dans fa vraie pofition ; & en le retournant, il faut renfoncer le bout des cheveux dans le fond du chignon, de façon qu'il n'y en ait pas plus d'un côté que de l'autre, ce qui le rendroit de travers ; alors on met le peigne à une pofition qui n'empêche pas de mettre la toque ; & pour qu'il entre avec plus de facilité, on penche un peu la tête en-arriere, en l'enfonçant de maniere qu'il foit folide : cela fe doit fentir tout de fuite, & le chignon fe trouve prefque fait. Enfuite avec le peigne à deux fins,

on donne encore quelques légers coups
de peigne, jufqu'au-haut du couffin; &
à mefure que les cheveux s'arrangent,
on y met quelques épingles pour les contenir, dont on enfonce dans le couffin,
ou bien l'on paffe un petit ruban en-
dedans les cheveux, que l'on fait remonter par-deffus le peigne; & quand les
cheveux font tout-à-fait bien arrangés,
on le noue, on le ferre légérement &
affez pour contenir les cheveux, & s'il
y en a quelques petits qui veuillent
tomber, on y met légérement un peu de
pommade, ou bien on le noue avec un
ruban par le milieu.

S'ils ne font pas affez longs pour pouvoir les retourner avec le peigne, comme
il eft dit ci-deffus, il n'y a qu'à confulter
l'article XXI, on verra la façon dont il
faut s'y prendre pour le pofer & relever
les cheveux par-deffus.

Ainfi quand le chignon eft fait, & après
avoir fecoué légérement du tapé la poudre
de la veille, on met la toque, qu'on doit

avoir toujours faite à sa propice, tant pour la forme de la tête, que pour le genre de Coëffure qu'on adopte, de maniere qu'elle facilite à l'accommodage; on commencera par l'attacher avec une petite épingle pardevant, une de chaque côté qu'on assujettira avec le coussin du peigne, & une ou deux autres qu'on entrelacera du tapé à la toque, comme il est dit à l'article XV : on doit sentir soi-même de la maniere dont on s'attache les épingles, si la Coëffure est solide ou non. Pour lors, avec goût, on arrange le tapé à sa volonté avec la queue du peigne ou une épingle, on fait remonter tous les cheveux dans leur sens, & toujours à l'air du visage, dont avec un peu d'exercice on parvient facilement à deviner & à donner tel forme que l'on veut à sa Coëffure, ayant sur-tout attention de bien placer ses racines, en retirant légérement ceux de derriere pour faire valoir ceux de devant.

Quant aux boucles, pour leur arrangement, il faut confulter les articles XVII & XVIII; car je ne pourrois que faire des répétitions, tant pour leur forme que pour leur pofition; &, comme je l'ai déjà dit, le goût ne peut fe démontrer : ce n'eft qu'en travaillant qu'il fe développe, de même que pour la Coëffure en cheveux & la pofition du bonnet : perfonne ne fait mieux que foi-même ce qui lui fied, & ce qui lui eft le plus ou moins avantageux. Parvenu à pouvoir fe coëffer foi-même, qui n'eft pas d'un temps très-long, car c'eft tout au plus de deux mois pour celle qui n'y auroit pas beaucoup de difpofition, & qu'avec un peu de courage ne finiroit pas moins, comme les autres, par le faire avec plaifir, tant il eft vrai qu'il n'y a perfonne qui, en joignant avec la décence un peu d'amourpropre, ne fe plût à donner un tour heureux à fa Coëffure avec quelque fatisfaction; &, ce qui n'eft pas peu, c'eft de jouir en même temps de l'indépendance.

N. B. Si jusqu'à préfent l'on n'a pas fait le *Traité des Principes de l'Art de la Coëffure des Femmes*, la raifon eft qu'autrefois il n'y avoit qu'un très-petit nombre de perfonnes qui fe fît coëffer ; mais depuis plufieurs années, le goût de la Coëffure eft augmenté avec le luxe à un tel point, qu'aujourd'hui c'eft devenu une chofe très-néceffaire, car tout le monde veut être coëffé.

Comme tout devient néceffité, c'eft pourquoi l'Auteur a cru devoir, en bon Citoyen, ne pas héfiter de mettre au jour une chofe auffi effentielle pour le bien général ; fi toutefois il n'eft pas auffi intelligible qu'il le defireroit, on doit avoir pour lui de l'indulgençe, vu fa bonne intention.

TABLE

Du contenu de ces Principes.

TRAITÉ DES PRINCIPES DE L'ART DE LA COEFFURE.

FIN.

APPROBATION.

J'ai lu, par ordre de Monseigneur le Garde des Sceaux, un *Traité des Principes de l'Art de la Coëffure*, lequel ne renferme rien que d'utile & de satisfaisant pour le beau sexe, & dont on ne puisse permettre l'impression. A Paris, ce 20 Octobre 1777, D'HERMILLY.

PRIVILEGE DU ROI.

LOUIS PAR LA GRACE DE DIEU, ROI DE FRANCE ET DE NAVARRE : A nos amés & féaux Conseillers, les Gens tenants nos Cours de Parlement, Maîtres des Requêtes ordinaires, Grand-Conseil, Prévôt de Paris, Baillifs, Sénéchaux, leurs Lieutenants-Civils, & autres nos Justiciers qu'il appartiendra : SALUT. Notre amé Jean-Baptiste-François LEFEVRE Nous a fait exposer qu'il desireroit faire imprimer & donner au Public un Ouvrage intitulé : *Traité des Principes de l'Art de la Coëffure*, s'il nous plaisoit lui accorder nos Lettres de Privilege à ce nécessaires. A CES CAUSES, voulant favorablement traiter l'Exposant, nous lui avons permis & permettons de faire imprimer ledit Ouvrage autant de fois que bon lui femblera, & de le vendre, faire vendre par tout notre Royaume. Voulons qu'il jouiffe de l'effet du préfent Privilege, pour lui & fes hoirs à perpétuité, pourvu qu'il ne le rétrocede à perfonne ; & fi cependant il jugeoit à propos d'en faire une ceffion, l'Acte qui la contiendra fera enrégiftré en la Chambre Syndicale de Paris, à peine de nullité, tant du Privilege que de la ceffion ; & alors par le fait feul de la ceffion enrégiftrée, la durée du préfent Privilege fera réduite à celle de l'Expofant, ou à celle de dix années à compter de ce jour, fi l'Expofant décede avant l'expiration defdites dix années. Le tout conformément aux articles IV & V de l'Arrêt du Confeil du trente Août 1777, portant Réglement fur la durée des Privileges en Librairie. Faisons défenfes à tous Imprimeurs, Libraires & autres perfonnes de quelque qualité & condition qu'elles foient, d'en introduire d'impreffion étrangere dans aucun lieu de notre obéiffance ; comme auffi d'imprimer ou faire imprimer, vendre, faire vendre, débiter ni contrefaire lefdits Ouvrages, fous quelque prétexte que ce puiffe être, fans la permiffion expreffe & par écrit dudit Expofant, ou de celui qui le repréfentera, à peine de faifie & de confifcation des exemplaires contrefaits, de fix mille livres d'amende, qui ne pourra être modérée pour la premiere fois, de pareille amende & de déchéance d'état en cas de récidive, & tous dépens, dommages & intérêts, conformément à l'Arrêt du Conseil du 30 Août 1777, concernant les contrefaçons. A la charge que ces Présentes seront enrégistrées tout au long sur le Registre de la Communauté des Imprimeurs & Libraires de Paris, dans trois mois de la date d'icelles; que l'impression dudit Ouvrage sera faite dans notre Royaume & non ailleurs, en beau papier & beau caractere, conformément aux Réglements de la Librairie, à peine de déchéance du présent Privilege : qu'avant de l'exposer, le manuscrit qui aura servi de copie à l'impression dudit Ouvrage, sera remis dans le même état où l'Approbation y aura été donnée ès-mains de notre très-cher & féal Chevalier Garde des Sceaux de France le Sieur Hue de Miromesnil, qu'il en sera ensuite remis deux Exemplaires dans notre Bibliotheque publique, un dans celle de notre Château du Louvre, un dans celle de notre très-cher & féal Chevalier, Chancelier de France, le Sieur de Maupeou, & un dans celle dudit sieur Hue de Miromesnil : le tout à peine de nullité des Présentes; du contenu desquelles vous mandons & enjoignons de faire jouir ledit Exposant & ses hoirs pleinement & paisiblement, sans souffrir qu'il leur soit fait aucun trouble ou empêchement. Voulons que la copie des Présentes,

qui fera imprimée tout au long, au commencement ou à la fin dudit Ouvrage, foit tenue
pour duement fignifiée, & qu'aux copies col-
lationnées par l'un de nos amés & féaux Con-
feillers Secretaires, foi foit ajoutée comme à
l'original. COMMANDONS au premier notre
Huiflier ou Sergent fur ce requis, de faire
pour l'exécution d'icelles, tous actes requis &
néceffaires, fans demander autre Permiffion,
& nonobftant clameur de Haro, Charte Nor-
mande, & Lettres à ce contraires. Car tel eft
notre plaifir. DONNÉ à Paris, le quatorzieme
jour du mois de Janvier, l'an de grace mil
fept cent foixante-dix-huit, & de notre Regne
le quatrieme. Par le Roi, en fon Confeil.

Signé, LE BEGUE.

*Regiftré fur le Regiftre XX de la Chambre
Royale & Syndicale des Libraires & Imprimeurs
de Paris, N°. 1236, fol. 469, conformément
aux difpofitions énoncées dans le préfent Privilege ; & à la charge de remettre à la ladite Chambre
huit Exemplaires prefcrits par l'article CVIII du
Réglement de 1723. A Paris, ce 26 Janvier 1778.
Signé, A. M. LOTTIN l'aîné, Syndic.*

De l'Imprimerie de L. JORR
de la Huchette.